本专著获得的基金项目资助：

(1) 中央高校基本科研业务费重大（重点）学科研究引导项目“网购行为执行意向的动力演化机制及推荐系统动态优化策略研究”（项目编号：N172301004）

(2) 教育部人文社会科学研究青年基金项目“网购行为执行意向影响因素及营销策略研究”（13YJCZH180）

(3) 辽宁省社会科学规划基金一般项目“员工创造力的转化机制：基于辽宁省服务业情境的研究”（项目编号：L18BG034）

(4) 东北大学秦皇岛分校教材（专著）建设基金

网购行为执行意向的影响因素及演化规律

王林 赵杨 著

中国财经出版传媒集团

经济科学出版社

Economic Science Press

图书在版编目（CIP）数据

网购行为执行意向的影响因素及演化规律／王林，赵杨著．—北京：经济科学出版社，2019.2

ISBN 978-7-5218-0341-9

Ⅰ.①网… Ⅱ.①王… ②赵… Ⅲ.①网上购物-消费者行为论-研究 Ⅳ.①F713.365.2

中国版本图书馆 CIP 数据核字（2019）第 042365 号

责任编辑：刘　莎
责任校对：郑淑艳
责任印制：邱　天

网购行为执行意向的影响因素及演化规律

王　林　赵　杨　著

经济科学出版社出版、发行　新华书店经销

社址：北京市海淀区阜成路甲 28 号　邮编：100142

教材分社电话：010-88191355　发行部电话：010-88191522

网址：www.esp.com.cn

电子邮件：esp@esp.com.cn

天猫网店：经济科学出版社旗舰店

网址：http://jjkxcbs.tmall.com

北京时捷印刷有限公司印刷

710×1000　16 开　11.75 印张　200000 字

2019 年 6 月第 1 版　2019 年 6 月第 1 次印刷

ISBN 978-7-5218-0341-9　定价：58.00 元

（图书出现印装问题，本社负责调换。电话：010-88191510）

前　言

网购已成为推动实体经济与虚拟经济相互融合发展的主要动力之一，已引起国家高层领导及部门的高度重视。当前，互联网巨头之间争夺客户资源的行动由线上延伸到线下，而传统企业也试图融合互联网创新元素以获取和保留更多的客户。对于网购用户的行为研究关系到网购场景、虚拟体验与情景感知、目标导向反应、心理距离等核心变量对客户个性化推荐策略的实施，最终影响到客户忠诚，这已成为在大数据背景下学术界关注的重要问题。大量可靠网购数据的出现促进了网购理论的发展，助推了网购行为反应大数据的形成及复杂网购行为的演化，捕获发生在网购平台中的动力学和心理学过程是理解网购行为演化的突破口。例如，人们每天所要使用的通信设备数量的增长，已经捕获了网购者的信息、情感及一切行踪，网购用户的行为模式有望提高推荐的效果；人类行为时间和空间上的统计特性也可以明显地提高推荐的精确度。因此，在一个真正量化的方式下，深入研究大数据背景下网购行为执行意向的演化规律自然是水到渠成，这是一个充满挑战与成就的多学科交叉研究领域。

本书综合运用营销学、心理学、网络学、情报学、社会学和统计学等相关交叉学科的理论，采用扎根理论及理论演绎、数据挖掘、模型构建与评估、实证研究等多种研究方法来展开相关研究工作。

本书主要分为文献综述、基础探索、影响因素、演化规律及理论总结五部分。第一，在前期研究成果基础上，通过扎根理论及理论演绎、数据挖掘技术方法，探究网购行为的内在动因、网购行为的基本类型及特点；第二，对各种网购行为类型的文本信息进行数据挖掘，通过语义网络分析和情感计算等技术，进一步分析网购行为执行意向的线索特征，并对情景线索特征与目标线索特征进行匹配性分析，从而初步形成网购行为执行意向的测量维度；第三，通过专家团体焦点访谈对网购行为执行意向线索特征进行补充和完善，在此基础上正式编制网购行为执行意向测量工具，并对其进行预试、反复进行修正问卷条目直至具有良好的信度和效度，然后对网购行为执行意向的内部结构进行探索性因素和验证性因素分析，揭示其内部结构；第四，通过对各学科相关理论研究成果的回顾与述评，确定网购行为的影响因素及自变量、因变量、中介变量和调节变量，建立研究框架，并编制测量问卷，进行网购行为执行意向的作用机制研究；第五，在此基础上，从不同视角探索网购行为演化规律；最后，根据质化研究及实证研究结果，运用网购行为执行意向理论模型对网购行为的预测、网购平台的改良和营销策略的实施及尚需完善之处做进一步探讨。

网购行为执行意向能很好地与现有的网络营销策略相兼容，这将有助于提高营销策略的有效性；除问卷调查外，网购行为执行意向测量还可通过计算机编程将网购情景线索特征和目标线索特征进行有效关联，从而进行模拟仿真和数据训练，提高线索特征的关联强度，这将有助于网购行为执行意向测量条目的修订；应用空间非常广泛，如指导电子商务平台的优化、引导网络购物渠道的传播与扩散、完善个性化网购服务、降低网购者不满情绪和加强网购者忠诚行为等；多网融合下的网购决策行为预测系统、精准营销有效性评价系统及网购平台管理对策的形成，对我国电商联盟、网络店铺、第三方购物平台的发展及营销策略的制定具有很强的应用价值。

本书编写得到了中央高校基本科研业务费重大（重点）学科研究引导项目“网购行为执行意向的动力演化机制及推荐系统动态优化策略研究”（项目编号：N172301004）、教育部人文社会科学研究青年基金项目“网购行为执行意向影响因素及营销策略研究”（项目编号：

13YJCZH180）、辽宁省社会科学规划基金一般项目“员工创造力的转化机制：基于辽宁省服务业情境的研究”（项目编号：L18BG034）和东北大学秦皇岛分校教材（专著）建设基金的支持。

本书是王林和赵杨联合写作完成。同时，在书稿校对、修订过程中骆冬嬴、释海璋、唐慧洁、田卉、刘琪、张柔柔、方恒、贾瑞雪、范登科、叶星辰、周圳、卓若泓、何玉锋、罗杭立等给予了大力支持和协助，在此一并表示感谢！

由于作者水平有限，书中难免有错误和疏漏之处，还请读者朋友不吝指正！

王　林　赵　杨

于东北大学科技楼

2019 年 6 月

目 录

第1章

绪　论

1.1 研究背景

党的十八大报告指出，加快完善社会主义市场经济体制和加快转变经济发展方式，要实施创新驱动发展战略。转变经济发展方式被提到国家战略层面，虚拟经济已成为新的经济增长方式，网络购物在其中注入了强劲的活力，这对转变经济发展方式起到了拉动和示范作用，如在扩大内需、带动就业、激活城镇一体化发展等方面有突出优势。由此，深刻理解网络购物行为的科学规律将有助于解析网购者的心理与行为特征、网购平台的创新驱动战略要素和网购营销策略的实施绩效，从而使网购快速、高效地带动经济和社会发展。然而，对多网融合下网购行为的系统研究还处于探索阶段，因此本书研究的理论价值有：第一，与网购行为较接近的行为意向相关研究还只是停留在行为意向如何影响网购者决策行为等层面，对网购行为意向如何作用于最接近实际网购行为的变量，即网购行为执行意向及其线索特征方面还没有足够和清晰的认识，而“网购行为执行意向”理论则指出了以往研究的局限性，对网购行为理论的完善和发展指出了一条新路；第二，“网购行为执行意向”突破了传统网购平台把消费者行为模式化和固定化的常规，探索了一种有利于全面了解和掌握网购者心理与行为规律的新路径与新方法，这将有助于制定更有针对性的营销策略；第三，“网购行为执行意向”所探索的网购情景线索特征和目标线索特征是有效关联的，它按照执行意向定义，将网购者情景线索特征与目标线索特征进行关联匹配，充分考虑了网购者心理与行为、满意与忠诚、接触点与瞬间感受、网购者个性与人格、网购服务与客户关怀、网络情景与在线体验等要素对网购行为执行意向的影响；第四，与网购行为意向相关研究相比，实现了两个新的结合，即“网购情景线索与目标线索的结合，网购评论信息文本数据挖掘研究与实证研究的结合”，这具有很好的创新性。

1.2 问题提出

综上所述，本书提出以下问题，拟通过逐步探索并解决理论和实践问题：(1) 网购行为执行意向的类型及结构是否影响网购决策行为?（2）网购行为执行意向不仅仅是行为驱动因素，是否是网购行为动态演化的驱动因素?（3）网购行为呈现怎样的演化规律?（4）怎样验证其演化规律? 对管理实践有怎样的指导意义?

1.3 研究目的与意义

1.3.1 研究目的

本书的研究通过非结构化评论信息文本数据挖掘和结构化商家与网购者属性数据挖掘，获得网购行为的基本类型、执行意向的线索特征及内部结构维度。通过实证分析获得网购行为执行意向影响因素，建立多网融合下的网购行为执行意向理论模型，并在此理论基础上通过真实网购平台中的观测实验探索网购行为规律，为网购行为预测及相应的营销策略制定提供决策参考。

1.3.2 研究意义

第一，网购行为执行意向能很好地与现有的网络营销策略相兼容，这将有助于提高营销策略的有效性；第二，除问卷调查外，网购行为执行意向测量还可通过计算机编程将网购情景线索特征和目标线索特征进行有效关联，从而进行模拟仿真和数据训练，提高线索特征的关联强度，这将有助于网购行为执行意向测量条目的修订；第三，应用空间非常广泛，如指导电子商务平台的优化、引导网络购物渠道的传播与扩散、完善个性化网购服务、降低网购者不满情绪和加强网购者忠诚行为等；第四，多网融合下的网购决策行为预测系统、精准营销有效性评价系统及网购平台管理对策的形成，对我国电商联盟、网络店铺、第三方购物平台的发展及营销策略的制定具有很强的应用价值。

1.4 研究方法

本书将以多种理论为基础，综合运用定性与定量相结合的方法进行研究。

（1）定性研究方法主要有：①扎根理论研究法。采用该方法对网购行为特点、类型进行系统分析，提炼网购行为类型及特征。②团体焦点访谈。通过邀请网络营销和网购经验丰富的专家，对网购行为的相关主题展开讨论，弥补了上述方法研究的不足，从而更加科学地展开网购行为执行意向影响因素的实证研究。③行为事件访谈（BEI）。运用BEI关键事件分析法，对频繁购物者和一般购物者的网购行为线索特征进行区分，并对网购行为的目标线索和情景线索进一步分析。

（2）定量研究方法主要有：①文本挖掘法。本书采取文本数据挖掘法，对海量的网购评论信息进行探索和非结构化文本数据挖掘，深入探索驱动网购行为的目标线索和情景线索的特征，为编制网购行为执行意向的测量工具奠定了基础。②数据挖掘法。在形成网购情景线索和网购行为反应特征基础上，本书以传统数据统计分析为基础，综合网购综合搜索指数、关联与聚类分析等挖掘技术，探索网购情景线索与目标导向的行为反应关联规则，建立网购执行意向关联及演化模型。③问卷调查法。本书根据心理测量学的研究范式，在文本挖掘、文献综述的基础上形成了一整套科学、系统的具有网购行为感知特点的研究工具，并构建出以网络感知为核心的网购行为执行意向影响因素及作用模型。④实验法。本书采用实验室心理测量法进行相关问题的研究。⑤统计分析法。首先，采用因素分析、聚类分析、关联分析、回归分析等分析方法，找出变量的层次结构关系，确定关键要素和测评工具的信度、效度等；其次，运用结构方程模型对网购行为执行意向的各种因素进行有机组合，得出研究结论。

1.5 研究思路

本书综合营销学、心理学、网络学、情报学、社会学和统计学等相关交叉学科理论，采用扎根理论及理论演绎、数据挖掘、模型构建与评估、实证研究等多种研究方法开展相应的研究工作。

如图 1.1 所示，具体的研究思路是：第一，在前期研究成果基础上，通过扎根理论及理论演绎、数据挖掘技术方法，探究网购行为的内在动因、网购行为的基本类型及特点；第二，对各种网购行为类型的文本信息进行数据挖掘，通过语义网络分析和情感计算等技术，进一步分析网购行为执行意向的线索特征，并对情景线索特征与目标线索特征进行匹配性分析，从而初步形成网购行为执行意向的测量维度；第三，通过专家团体焦点访谈对网购行为执行意向线索特征进行补充和完善，在此基础上正式编制网购行为执行意向测量工具，并对其进行预试、反复进行修正问卷条目直至具有良好的信度和效度，然后对网购行为执行意向的内部结构进行探索性因素和验证性因素分析，揭示其内部结构；第四，通过对各学科相关理论研究成果的回顾与述评，确定网购行为的影响因素及自变量、因变量、中介变量和调节变量，建立研究框架，并编制测量问卷，进行网购行为执行意向的作用机制研究；第五，根据质化研究及实证研究结果，运用网购行为执行意向理论模型对网购行为的预测、网购平台的改良和营销策略的实施及尚需完善之处做进一步的探讨。

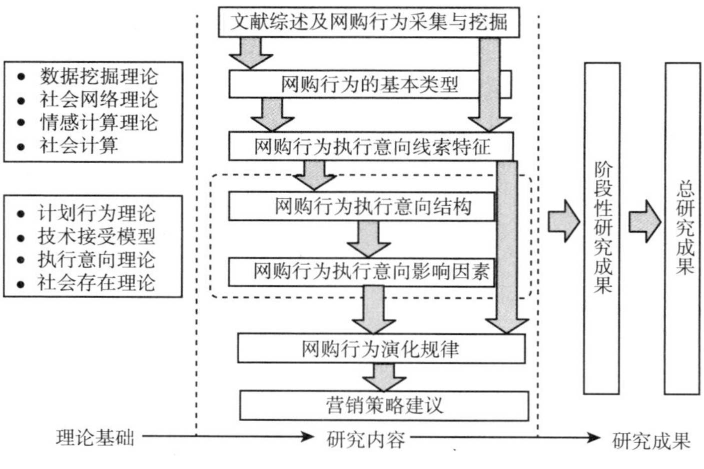

图 1.1　本书的研究思路

1.6 结构安排

如图 1.2 所示，本书的结构主要包括：第一，基于“引言”内容，本书在理论基础部分综述了情景线索等相关知识；第二，本书在研究框架部分建立了以下结构——基于“网购相关文献主题类型研究”“网购消费者特征及行为研究”和“网购行为执行意向的结构”的基础探索，相应地进行影响因素研究，即“网购情景线索的类型及其对执行意向的影响”和“情景线索对网购行为意向的影响”，并从中引申出对演化规律的探究，即“基于网购评论行为反应模式挖掘的执行意向演化规律”“网购评论的语义网络演化规律”和“关联挖掘演化模型”；第三，得出相应的网购营销策略；第四，基于研究框架，对全书进行总结，提出未来研究展望。

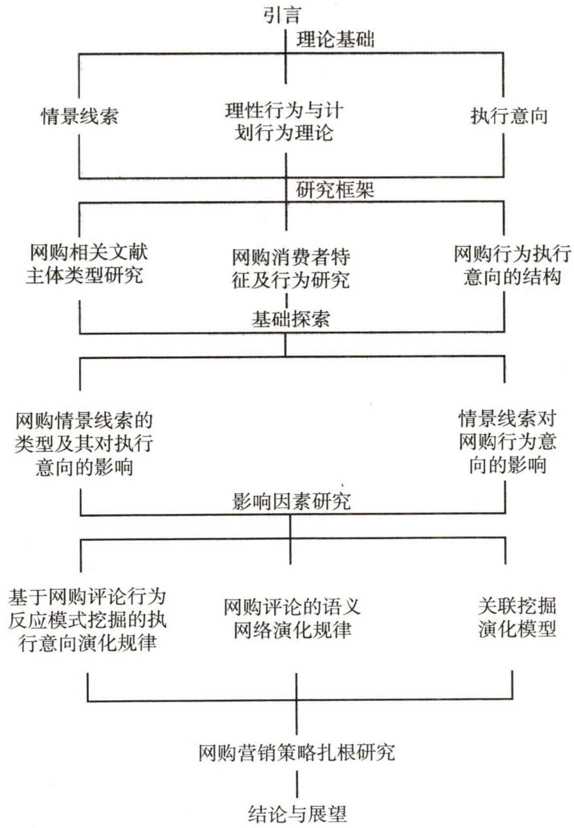

图1.2 本书的结构安排

第2章

文献综述

2.1 情景线索

2.1.1 情景线索的概念

情景可以看作是对场景进行搜索的记忆痕迹①，情景知觉过程中视觉记忆系统具有重要作用，其影响着情景信息的视觉搜索、情景学习等②。当我们面对超负荷量的网购信息时，就会利用网购情景提取出有用的相关商品信息。由此可知，情景线索是指呈现在人们面前的一些特定的刺激场景③。

2.1.2 情景线索的研究现状

近年来，我们置身于丰富的网络购物环境中，网购行为与情景线索形成多种联系，例如，对于特定网购场景的目标商品搜索、网页定位以及商品比较加工构成了网购情景线索效应的主要加工过程。反应选择加工对情景线索效应的驱动，可能是被试在重复场景下对目标采取更迅速反应的结果④。进一步研究发现，情

---

① Schankin A, Hagemann D, Schuboe A. Is contextual cueing more than the guidance of visual - spatial attention? [J]. Biological Psychology, 2011, 87 (1): 58 - 65.

② 康廷虎，范小燕．情景知觉过程中的视觉记忆［J］．心理科学进展，2013，21（12）：2136 - 2143.

③ 赵光．情景线索效应加工机制的探讨［D］．西南大学，2013.

④ Kunar M A, Flusberg S, Horowitz T S, Wolfe JM. Does contextual cuing guide the deployment of attention [J]. Journal of Experimental Psychology: Human Perception and Performance, 2007, 33 (4): 816 - 828.

景线索效应主要发生在注意引导阶段，在视觉搜索加工较早的引导阶段和较晚的反应选择阶段均发现重复场景能更有效地完成视觉搜索任务[①]。这说明网购情景线索对不同阶段的网购搜索行为起到了一定的驱动作用，探索其规律将有助于揭示网购者的行为执行意向。总之，情景线索效应被广泛地用于视觉搜索[②]、听觉理解、言语知觉、语境感知、空间场景定位、认知记忆加工[③]、目标选择与决策等研究领域[④]。

总之，学者们对情景线索效应背后的机制进行了扩展，形成了多领域的情景线索理论，而大部分的情景线索研究主要集中在脑科学等生理及心理实验中，在网购行为领域对情景线索的研究比较少见。随着网购规模的迅速扩大和电商变革与创新驱动的加速发展，情景线索在网购行为中扮演着越来越重要的角色，它将助力海量网购搜索行为产生集群效应，而且通过网购平台场景呈现的情景线索实验范式，就能获得对促进网购情景线索的习得，这将激发研究者对何种网购背景属性能够提供有用的网购情景线索的研究构想的探讨。

2.2 理性行为与计划行为理论

2.2.1 理性行为理论的概念

理性行为理论（TRA）认为意向是人类行为的最佳预测变量[⑤]。意向反映了人们计划完成某种任务时的努力程度，它有两个维度的功能[⑥]：第一个维度是人

① 张明东，孙弘进．情景线索效应：注意引导还是反应启动？［A］．心理学与创新能力提升——第十六届全国心理学学术会议论文集［C］．南京：中国心理学会，2013

② 胡中华，赵光，刘强，李红．视觉搜索任务中直视探测优势的眼动研究［J］．心理学报，2012，44（4）：435－445.

③ Goujon A，Fagot J. Learning of spatial statistics in nonhuman primates – contextual cueing in baboons（papio papio）［J］. Behavioural Brain Research，2013，247（15）：101－109.

④ Kunar MA，John R，Sweetman H. A configural dominant account of contextual cueing：configural cues are stronger than colour cues［J］. The Quarterly Journal of Experimental Psychology，2014，67（7）：1366－1382.

⑤ Fishbein M，Ajzen I. Belief，attitude，intention，and behavior：an introduction to theory and research［M］. Addison－Wesley，1975.

⑥ Fishbein M. A theory of reasoned action：some applications and implications［J］. Nebraska Symposium on Motivation Nebraska Symposium on Motivation，1980，27（27）：65－116.

们的态度影响行为，即态度对实际行为有正面或负面评价；第二个维度是主观规范，它反映了个体对行为绩效有关的社会压力的知觉。理性行为理论的基本假设为：人类行为是理性的。然而，这个假设存在一定的局限性，因为人们通常的行动是习惯性和自然而发的[①]。理性行为理论的另一个假设认为行为完全受个人的意志控制。

2.2.2 计划行为理论的概念

然而，实际上行为有很多非动机因素影响，这些因素可能与内在（如信息的有用性、技能、缺乏情绪和强迫症）和外在（机会和资源的可得性、与他人合作的依赖性）表现有关[②]。因为大多数行为并不是在意志控制下完成的，阿吉曾（Ajzen，1985）引入计划行为理论（TPB），该理论通过知觉行为控制（perceived behavioral control ，PBC）变量对理性行为理论进行了扩展。知觉行为控制是指个体知觉完成行为的难易性，它与自我效能感有关。知觉行为控制假设影响行为有直接和间接因素，即如果人们认为行为是在他们自己的控制之下，那么人们将在完成行为的过程中得到更大的激励。另外，在保持意向不变的情况下，那些具有高知觉控制水平的个体比一般人更有可能执行行为[③]。

因此，很多研究，如求职的实验中运用这些理论解释了找工作意向和行为的关系[④⑤⑥]，在很大程度上支持了理性行为理论和计划行为理论。然而，在一个元分析、理性行为理论和计划行为理论的定量研究中，斯通（Sutton，1998）[⑦] 指

---

① Conner M，Armitage C J. Extending the theory of planned behavior：a review and avenues for further research ［J］. Journal of Applied Social Psychology，1998，28（15）：1429 - 1464.

② Ajzen I. Action control：from cognition to behavior ［M］. Berlin，Germany：Springer，Verlag，1985，11 - 39.

③ Ajzen I. The theory of planned behavior ［J］. Organizational Behavior & Human Decision Processes，1991，50（2）：179 - 211.

④ Caska B A. The Search for Employment：Motivation to Engage in a Coping Behavior ［J］. Journal of Applied Social Psychology，1998，28（3）：206 - 224.

⑤ Ryn M V，Vinokur A D. How did it work? An examination of the mechanisms through which an intervention for the unemployed promoted job - search behavior ［J］. American Journal of Community Psychology，1992，20（5）：577 - 597.

⑥ Vinokur A，Caplan R D. Attitudes and social support：determinants of job - seeking behavior and well - being among the unemployed ［J］. Journal of Applied Social Psychology，1987，17（12）：1007 - 1024.

⑦ Sutton S. Predicting and explaining intentions and behavior：how well are we doing? ［J］. Journal of Applied Social Psychology，1998，28（15）：1317 - 1338.

出态度、主观规范和知觉控制变量能够解释 40% ~50% 的行为意向方差，而且后续的相关研究发现，利用理性行为理论和计划行为理论对行为有更低的预测水平，从而产生诸多争议①②。学者们认为这两个理论不能解释意向是怎样转化为行为的。为什么人们不能总是保持意向和行为的一致性也成为研究的热点问题。因此，有学者认为可能存在其他重要的变量将意向转化为实际行为。研究发现，执行意向是最接近实际行为的预测变量，它是行为意向转化为实际行为的中介变量③。执行意向理论的探索在一定程度上突破了长期以来以理性行为理论和计划行为理论解释复杂行为的传统视角，因此执行意向的相关研究具有十分重要的理论意义。

2.3 执行意向的概念及其测量

2.3.1 执行意向及其相关概念

研究者对执行意向相关研究进行了回顾，很多理论指出强大目标意向的存在（例如，我打算买更多的水果和蔬菜），它是目标导向行为的核心预测因子④⑤。然而，尽管学者们认为意向能最好地预测行为，而意向对于行为方差的解释还不到 1/3⑥⑦。

---

① Bagozzi R P, Baumgartner H, Yi Y. State versus action orientation and the theory of reasoned action: an application to coupon usage [J]. Journal of Consumer Research, 1992, 18 (4): 505 -518.

② Eagly A H, Chaiken S. The psychology of attitudes [M]. Fort Worth, TX: Harcourt Brace Jovanovich, 1993.

③ Hall P A, Zehr C E, Ng M, et al. Implementation intentions for physical activity in supportive and unsupportive environmental conditions: An experimental examination of intention - behavior consistency [J]. Journal of Experimental Social Psychology, 2012, 48 (1): 432 -436.

④ Carver C S, Scheier M F. Control theory: a useful conceptual framework for personality - social, clinical, and health psychology [J]. Psychological Bulletin, 1982, 92 (1): 111 -135.

⑤ Locke E A, Latham G P. A theory of goal setting & task performance [M]. Englewood Cliffs, NJ, US: Prentice - Hall, Inc, 1990.

⑥ Sheeran P. Intention - behavior relations: a conceptual and empirical review [M]. European review of social psychology, Hove: Psychology Press, 2002 (12): 1 -36.

⑦ Webb T L, Sheeran P. Does changing behavioral intentions engender behavior change? A meta - analysis of the experimental evidence [J]. Psychological Bulletin, 2006, 132 (2): 249 -268.

通常观察到意向和行为之间缺乏一致性[1][2]，这使研究人员认识到虽然有强烈的目标意向是必要的前提，但对目标为导向的行为的研究仍不充分[3]。根据高尔威泽（Gollwitzer，1999）的研究，意向指定了愿望的最终状态（例如，我打算考取公务员），而执行意向有更具体的时间线索、位置线索和目标努力方式等线索（例如，如果我在X情景，那么我将执行目标为导向的Y行为）[4]，执行意向通过线索特征的关联逐步缩小意向和行为之间的距离[5]，例如，执行意向支持购买更多有机食品的意向。对于意向，这种具体情景代表了一种良好的机会（例如，六点钟当我从单位下班回家并且经过超市），然后这种情景联系了一个具体的、目标导向的行动（例如，购买蔬菜准备做晚饭），从而导致行为执行意向："如果六点钟我从单位下班回家并且经过超市，那么我将进超市购买蔬菜准备做晚饭"。

执行意向，又称为"如果—那么"计划[6][7]，它增强了个体的行动控制，显示个体自动面对目标冲突的倾向性[8][9][10]，即它使个体具体的行动计划促进了其行为意向。这可从两个方面加以解释。首先，通过指定一个具体的、重要的情景，使其在记忆中变得更加容易理解和接近。这种记忆对内隐态度具有提醒的功能，

---

① Orbeil S，Hodgldns S，Sheeran P. Implementation intentions and the theory of planned behavior [J]. Personality and Social Psychology Bulletin，1997，23（9）：945 –954.

② Sheeran P，Orbell S，Trafimow D. Does the temporal stability of behavioral intentions moderate intention – behavior and past behavior – future behavior relations? [J]. Personality and Social Psychology Bulletin，1999，25（6）：724 –734.

③ Gollwitzer P M，Oettingen G. The emergence and implementation of health goals [J]. Psychology & Health，1998，13（4）：687 –715.

④ Gollwitzer，Peter M. Implementation intentions：Strong effects of simple plans. [J]. American Psychologist，1999，54（7）：493 –503.

⑤ Fennis B M，Adriaanse M A，Stroebe W，et al. Bridging the intention – behavior gap：Inducing implementation intentions through persuasive appeals [J]. Journal of Consumer Psychology，2011，21（3）：302 –311.

⑥ Gollwitzer P M. Goal achievement：The role of intentions [J]. European Review of Social Psychology，Chicester：Wiley，1993，1（4）：141 –185.

⑦ Gollwitzer P M，Sheeran P. Implementation intentions and goal achievement：a meta – analysis of effects and processes [J]. Advances in Experimental Social Psychology，2006，38（6）：69 –119.

⑧ Mendoza S A，Gollwitzer P M，Amodio D M. Reducing the expression of implicit stereotypes：reflexive control through implementation intentions [J]. Personality & Social Psychology Bulletin，2010，36（4）：512 –523.

⑨ Parks – Stamm，Elizabeth J，Gollwitzer P M，Oettingen G. Action control by implementation intentions：effective cue detection and efficient response initiation [J]. Social Cognition，2007，25（2）：248 –266.

⑩ Stewart B D，Payne B K. Bringing automatic stereotyping under control：implementation intentions as efficient means of thought control [J]. Personality and Social Psychology Bulletin，2008，34（10）：1332 –1345.

增强了行为发生的可能性[①]。当个体遇到具体的情景时，这种认知为个体采取行为意向起到了关键的推动作用[②]。阿特斯、戴克斯特霍伊斯和密登（Aarts，Dijksterhuis and Midden，1999）提供了这种记忆效应的证据，他们证实了形成执行意向的个体在完成一个具体任务时，情景线索识别更能被认知到并且更能理解其意义。其次，将情景连接到一个具体目标导向行为，在遇到特定情景时，这种行为被自动激活[③④]。换句话说，形成执行意向后，目标导向行为会即刻[⑤⑥]、有效[⑦⑧]并且无意识地开始[⑨]。

总之，执行意向是指个体以行动目标为导向，通过连接情景线索和目标导向反应建立行为意向和实际行为之间的联系，并且通过强化认知记忆成分增强个体情景线索识别能力。在一定的情景或条件刺激下，执行意向被自动、有效并且无意识地启动，它是一种行为临界状态，更能预测实际行为发生的可能性。

2.3.2 执行意向的测量

执行意向在我国的基础研究比较滞后，关于中国情景下的网购行为执行意向的应用研究缺乏成熟量表，必须依据其概念模型、国内外文献、网购文本、深度

① Przybylinski E，Andersen S M. Short – circuiting transference using implementation intentions ［J］. Journal of Experimental Social Psychology，2013，49（3）：566 –572.

② Webb T L，Sheeran P. How do implementation intentions promote goal attainment? A test of component processes ［J］. Journal of Experimental Social Psychology，2007，43（2）：265 –268.

③ Webb T L，Sheeran P. Identifying good opportunities to act：implementation intentions and cue discrimination ［J］. European Journal of Social Psychology，2004，34（4）：407 –419.

④ Sheeran P. Mechanisms of implementation intention effects：the role of goal intentions，self – efficacy，and accessibility of plan components. ［J］. Br J Soc Psychol，2008，47（3）：373 –395.

⑤ Cohen A L，Bayer U C，Jaudas A，et al. Self – regulatory strategy and executive control：implementation intentions modulate task switching and Simon task performance ［J］. Psychological Research，2008，72（1）：12 –26.

⑥ Gollwitzer P M，Veronika B. Implementation intentions and effective goal pursuit ［J］. Journal of Personality and Social Psychology，1997，73（1）：186 –199.

⑦ Brandstatter V，Lengfelder A，Gollwitzer P M. Implementation intentions and efficient action initiation ［J］. Journal of Personality and Social Psychology，2001，81（5）：946 –960.

⑧ Gawrilow C，Gollwitzer P M. Implementation intentions facilitate response inhibition in children with ADHD ［J］. Cognitive Therapy and Research，2008，32（2）：261 –280.

⑨ Bayer U C，Gollwitzer P M，Achtziger A. Staying on track：Planned goal striving is protected from disruptive internal states ［J］. Journal of Experimental Social Psychology，2010，46（3）：505 –514.

访谈等方面的资料进行量表编制，以便能够测量网购行为执行意向，进一步探索其影响因素、动态演化机制等，拓宽理论的应用边界，切实为消费行为科学的应用性研究提供新的视野。

2.3.3 执行意向的应用研究

在梳理执行意向的中介效应及调节效应的基础上，本书对近年来与执行意向有关的研究文献进行了详细挖掘，发现近年来国外对执行意向的应用研究比较多，在基础研究方面成果丰硕，而且执行意向的应用型研究也十分活跃，如体育运动、救援行动、营养健康、学生成绩、消费者购买行为等方面执行意向研究取得了较大的突破。然而，我国学者对执行意向的研究非常少，笔者在CNKI和万方数据库平台里检索到与执行意向相关的文献只有7篇左右（截至2013年3月）。我国学者的研究主要集中在前瞻性记忆、自控损耗、认知负荷、行为控制知觉等对行为执行意向的作用机制研究，基本停留在对执行意向作用机制的初步认知阶段。我国学者需要在执行意向理论深化的基础上注重应用型研究，逐步拓宽执行意向的理论和实践价值。为此，本书对执行意向的应用型研究成果进行了初步梳理，以期能给予我国学者对执行意向的应用型研究更好的启发。

（1）执行意向促进实际行为的心理机制。

执行意向能够帮助人们减小预定目标和实际现实目标之间的距离[①]。它起到了最佳的桥梁作用，建立了意向和实际行为之间的联系。但是在很多领域，执行意向构念一直缺乏系统研究和关注[②]。实际上，执行意向能够帮助人们更有效地应对奋斗目标中遇到的主要问题，如在准备开始、继续跟踪、停止等这些行为过程中，人们能够根据情景线索采取更加有效的应对方式，以达到既定的奋斗目标，而不是在执行行为的过程中过分地张扬自己。

（2）执行意向的作用效应研究。

很多研究发现形成执行意向的人具有克服困难、达到既定目标的积极心理状态。由此，执行意向作用效应的问题引起了众多学者的研究兴趣，例如，肖尔茨

---

① Gollwitzer P M , Sheeran P . Self – regulation of consumer decision making and behavior: The role of implementation intentions [J]. Journal of Consumer Psychology, 2009, 19 (4): 593 – 607.

② Stroebe W S, Fennis B M. The psychology of advertising [J]. Journal of Political Economy, 2010, 7 (1): 10 – 15.

等（Scholz et al.，2009）[①] 通过实验研究使被试形成了特别具体的行为计划，使其避免了认知负荷的负面效应，在此基础上的研究进一步证明了执行意向的功效；与此同时，学者们通过实验研究发现，对于那些具有社会型的高完美主义者，形成的执行意向不仅降低了其完成目标的决心，而且也降低了对自己目标进展的满意度，而对于那些自我完美主义者来说，形成的执行意向确实提高了为目标奋斗的动力[②]，这可能是执行意向能够帮助人们克服各种奋斗目标中的困难，使其更有可能成功。从这点上来说，执行意向提高了接近成功的可能性，说明形成执行意向是有益处的[③]；研究还发现，执行意向能够帮助学生提高出勤率，然而，执行意向对那些具有中低自觉性水平的学生才最有效[④]，说明执行意向对自觉性的影响存在个体差异性；在一项考试焦虑的研究中发现，随着学生考试焦虑的增加，越来越多引诱与抑制型的执行意向促进了学生成绩，而任务促进型的执行意向却越来越多地阻碍了学生成绩的提升。这表明，那些有考试焦虑体验的学生通过目标引诱与自我控制形成的执行意向忽略了外部环境对自己的干扰，从而获得好的成绩，而强调任务驱动的执行意向缺乏努力的热情和动力，实际上降低了取得理想成绩的可能性[⑤]。因此，具有自觉性的、目标导向的与自我控制性的执行意向对行为具有更强大的推动作用，显示出较强的执行意愿。这说明执行意向并不总是发挥其积极效应，这与具体情景、个体差异性等有关。

（3）计划与情景线索对执行意向的影响研究。

计划是人类的重要特征之一，它可使我们自觉地预想未来和选择行为[⑥]。执行意向利用这一特征，通过询问个体一种情景是否适合目标导向行为，从而构造他们将在这种情景中去完成的行为，这就需要个体想象重要的情景和所需的行

---

① Scholz U, Marca R L, Nater U M, et al. Go no - go performance under psychosocial stress: Beneficial effects of implementation intentions [J]. Neurobiology of Learning & Memory, 2009, 91 (1): 89 - 92.

② Powers T A. Implementation intentions, perfectionism, and goal progress: perhaps the road to hell is paved with good intentions [J]. Personality and Social Psychology Bulletin, 2005, 31 (7): 902 - 912.

③ Gollwitzer P M. Implementation intentions and disengagement from a failing course of action [J]. Journal of Behavioral Decision Making, 2007, 20 (1): 81 - 102.

④ Webb T L, Christian J, Armitage C J. Helping students turn up for class: does personality moderate the effectiveness of an implementation intention intervention? [J]. Learning & Individual Differences, 2007, 17 (4): 316 - 327.

⑤ Parks - Stamm E J, Gollwitzer P M, Oettingen G. Implementation intentions and test anxiety: shielding academic performance from distraction [J]. Learning & Individual Differences, 2010, 20 (1): 30 - 33.

⑥ Tolman E C. There is more than one kind of learning [J]. Psychological Review, 1949, 56 (3): 144 - 155.

为，这种想象带来的精神刺激过程可能导致个体在长期记忆中增强了行为的稳定性①。这可能是计划在延迟之后对行为起到了作用，换句话说，计划可能对行为有一个更持久的效果②。进一步的研究实验还发现，通过情景线索，习惯和执行意向共同使行为自动反应，前者是在稳定的环境中行为不断重复的结果，后者是计划的单一行为的结果③。习惯一度成为人们了解个体行为的变量，但后来的研究发现执行意向更能预测人的行为。能否将习惯转化为执行意向成为众多学者讨论的议题，有一些学者强调通过形成执行意向来打破习惯④，从而增强对行为的预测和解释力，但目前支持这一断言的实证研究却很少见。

2.4 行为执行意向的调节和中介效应研究

研究者对执行意向的研究进行了梳理，发现执行意向的主要调节变量有行为意向、自我协调、合作性、计划提醒、自觉性、人格等变量。

（1）行为意向。它是个体尝试完成任务意愿的程度，它是一种特殊的行为，意向一般能解释25%～30%的行为方差⑤。韦伯和希兰（Webb and Sheeran，2006）认为个体在意向上比较大的变化一般会导致行为上微小程度的变化。因此，改变意向并不总是能够显著驱动行为的变化。而执行意向被视为一种改进方法，它能够帮助人们将意向转化为实际行为，从而减少意向和行为之间的距离。意向对执行意向和行为起到了调节作用。例如，希兰和奥贝尔

① Driskell J E，Copper C，Moran A. Does Mental Practice Enhance Performance?［J］. Journal of Applied Psychology，1994，79（4）：481－492.

② Papies E K，Aarts H，Vries N K D. Planning is for doing：Implementation intentions go beyond the mere creation of goal－directed associations［J］. Journal of Experimental Social Psychology，2009，45（5）：1148－1151.

③ Orbeil S，Hodgldns S，Sheeran P. Implementation intentions and the theory of planned behavior［J］. Personality and Social Psychology Bulletin，1997，23（9）：945－954.

④ Holland R W，Aarts H，Langendam D. Breaking and creating habits on the working floor：A field－experiment on the power of implementation intentions［J］. Journal of Experimental Social Psychology，2006，42（6）：776－783.

⑤ Sheeran P. Intention－behavior relations：a conceptual and empirical review［J］. European review of social psychology，2002，12（1）：1－36.

（Sheeran and Orbell，1999）提出执行意向扩展了计划行为理论[①]，它增强了意向和行为之间的一致性。在行动阶段模型[②③]和健康行为过程方法[④]中，目标奋斗由两个阶段构成，即动机和意志。因此，结合执行意向、意志策略、干预手段能够创造强烈动机，这在改变行为方面将特别有效[⑤]。

（2）自我协调。这是在个体认知基础上，调整、理顺自己的情绪和行为方式，用来描述一个人在具体目标追求中的协调程度。以往研究揭示自我协调对执行意向更加有效[⑥]。然而，查特瑞提斯（Chatzisarantis et al.，2008）[⑦] 证实了自我协调对执行意向的反向调节效应，研究发现，在休闲体育运动中，当练习目标一致时，执行意向在促进自我报告时更加无效[⑧]。然而，根据近期的研究，很难得出一致的结论，需要进一步研究这种结论的差异性。

（3）合作性。当两个人形成计划随后一起合作完成任务时，执行意向可能更加有效。普勒斯维奇等（Prestwich et al.，2005）[⑨] 通过实验证实来自合作性的执行意向有更强的动机，减轻了控制和遗忘的风险，合作正向调节了执行意向。

（4）计划提醒。计划提醒将增强执行意向改变行为的过程[⑩]，这主要基于两

---

① Ajzen I. The theory of planned behavior［J］. Organizational Behavior & Human Decision Processes，1991，50（2）：179－211.

② Gollwitzer P M. Goal achievement：The role of intentions［J］. European Review of Social Psychology，1993（4）141－185.

③ Heckhausen H. Motivation and action［M］. Springer－Verlag，New York，1991.

④ Schwarzer R. Self－efficacy in the adoption and maintenance of health behaviors：theoretical approaches and a new model［M］. In R. Schwarzer（Ed.）. *Self－efficacy：Thought control of action.* Washington，DC，US：Hemisphere Publishing Corp，1992.

⑤ Prestwich A，Kellar I. How can the impact of implementation intentions as a behaviour change intervention be improved?［J］. European Review of Applied Psychology，2014，64（1）：35－41.

⑥ Schweiger G I，Pfau F，Gollwitzer P M. Furnishing hypnotic instructions with implementation intentions enhances hypnotic responsiveness［J］. Consciousness & Cognition，2012，21（2）：1023－1030.

⑦ Chatzisarantis N，Hagger M，Thøgersen Ntoumani C. The effects of self－discordance，self－concordance，and implementation intentions on health behavior［J］. Journal of Applied Biobehavioral Research，2008，13（4）：198－214.

⑧ Andersson E K，Moss T P. Imagery and implementation intention：A randomised controlled trial of interventions to increase exercise behaviour in the general population［J］. Psychology of Sport & Exercise，2011，12（2）：63－70.

⑨ Prestwich A，Conner M，Lawton R，et al. Individual and collaborative implementation intentions and the promotion of breast self－examination［J］. Psychology & Health，2005，20（6）：743－760.

⑩ Prestwich A，Perugini M，Hurling R. Can the effects of implementation intentions on exercise be enhanced using text messages?［J］. Psychology & Health，2009，24（6）：677－687.

个机制：第一，情景线索使个体更加容易察觉并抓住重要的情景特征，执行意向通过增强情景线索的接近性帮助个体识别采取行动的好机会①；第二，当出现那些帮助人们更快抓住合适机会的具体线索时，关联线索更快并更有效地驱动个体的实际行为②。计划提醒将使线索更加突出，加强了刺激（计划情景）和反应（计划行动）之间的联系，从而增强了执行意向对行为的影响。另外，虽然有研究显示，情景线索的接近性和线索反应的关联性对执行意向成分与目标达成起到了中介效应，但是仍然还不能准确地认知到执行意向是如何增大了这个作用过程③，这在未来研究中需要进一步去探索。

（5）自觉性。韦伯等（Webb et al.，2007）研究发现比起那些中低自觉性的人，高自觉性的人在促进出勤方面，其执行意向更加有效。当控制行为意向时，对于较高自觉性的个体，执行意向更加有利。然而，很多自觉性的研究都聚焦尽责和自律，自觉性对执行意向是否具有调节效应有待进一步研究，目前还无法达成共识。

（6）人格。人格理论④⑤认为行为并不是个体信仰的一种功能，而是一种始终如一的、持久的个体差异，它影响人们在特定的情景中如何反应⑥。关于人格变量的研究非常多，而人格如何影响人的执行意向的研究比较少，具有代表性的研究发现人格因素对执行意向起到了调节效应⑦⑧。

另外，有研究者对执行意向的中介作用进行了探讨，如一项找工作的实验研究中发现，执行意向对寻找工作的意向和行为起到了部分中介作用。然而，比起那些打算找工作的失业个体，那些制定了具体计划的个体，如计划什么时间以及如何找工作的个体更有可能执行行动计划，这可能是执行意向提高了对复杂多变行为的预测水平。特别是对于那些低自我效能感的人来说，形成执行意向的信息

---

① Allport，GW. Pattern and growth in personality［M］. New York：Holt，Rinehart & Winston，Inc. 1961.

② Webb T L，Sheeran P. Identifying good opportunities to act：implementation intentions and cue discrimination［J］. European Journal of Social Psychology，2004，34（4）：407－419.

③ Sheeran P. Intention－behavior relations：a conceptual and empirical review［J］. European review of social psychology，2002，12（1）：1－36.

④ Allport，GW. Pattern and growth in personality［M］. New York：Holt，Rinehart & Winston，Inc. 1961.

⑤ CattellRB. The scientific analysis of personality［M］. Baltimore，MD：Penguin，1965.

⑥ FurnhamA，Heaven P. Personality and social behaviour［M］. London：Arnold，1999.

⑦ Powers T A. Implementation intentions，perfectionism，and goal progress：perhaps the road to hell is paved with good intentions［J］. Personality and Social Psychology Bulletin，2005，31（7）：902－912.

⑧ Webb T L，Christian J，Armitage C J. Helping students turn up for class：does personality moderate the effectiveness of an implementation intention intervention?［J］. Learning & Individual Differences，2007，17（4）：316－327.

可能十分重要，因为这些变量和自然形成的执行意向呈正相关，这进一步证明执行意向在意向和行为关系之间只起到了部分中介效应①。

2.5 研究述评

本书虽然从多个方面对执行意向的概念、特征、相关研究进行了梳理，阐述了执行意向的理论价值和实践应用价值，但仍然不可避免地存在一些不足。

（1）执行意向在国外的研究主要集中在一些学者中，如高尔威泽和韦伯（Gollwitzer and Webb）等学者连续多年的研究视角引领了大部分学者对执行意向的应用研究，甚至形成一种固定的研究范式，难免有缺乏创新精神与思想雷同的弊端。本书也很难超越目前的研究高度，因为执行意向的研究成果还不够丰富。

（2）中国情景下的执行意向研究比较缺乏，大多数研究也是借鉴国外学者的研究成果。本书对中国情景下的执行意向研究综述略有概括，可能会遗漏一些重要的发现。

由此，本书提出未来研究的展望：

（1）执行意向是行为科学领域一个特别重要的变量，理论成果还不是很丰富，应引起重视。执行意向的“如果”和“那么”成分连接着认知记忆和行动目标，未来研究应重点挖掘“如果”成分，如通过实验室研究法对行为执行意向的情景线索进行分类，探索是否存在不同情景线索下对执行意向目标导向反应的调节或中介变量，系统梳理行为执行意向的情景线索特征。在此基础上，还应持续研究执行意向的目标导向反应，即“那么”成分的心理作用机制。进一步探索这两个成分是如何进行自动连接并促使个体实际行为的。

（2）利用先进的计算机仿真技术，将情景线索和目标导向反应进行有效关联，进一步验证哪些情景线索和目标导向反应匹配性最强，总结情景线索的前因变量和目标导向的结果，进一步为实证研究打下基础。

（3）本书在以往研究中挖掘出集群行为执行意向的三个维度：价值性执行意向、安全性执行意向和可控性执行意向，开发了相应的测量量表，得到了好的

① Hooft E A J V, Born M P, Taris T W, et al. Bridging the gap between intentions and behavior: Implementation intentions, action control, and procrastination [J]. Journal of Vocational Behavior, 2005, 66 (2): 238 – 256.

信度和效度，并对社会集群行为执行意向进行了实证研究。因此，以往的研究给我们一定的启示，未来将在网络舆情预警、社会语义网络、网购行为、救援行为、志愿者服务行为、体育运动行为、健康饮食行为、学生学习行为、企业绩效驱动行为等领域展开执行意向的研究，细化执行意向在不同研究领域的分支和个性特征，进一步总结执行意向的共性情景线索、目标导向反应，同时分类挖掘执行意向的个性情景线索和目标导向反应特征。通过系统推进执行意向研究，建立不同学科独具特色的执行意向理论框架，以更加有效地指导实践。

第3章

基于扎根理论的网购相关文献主题类型研究

【本章导读】在网络购物发展成为热门话题的今天，学者们对网购的研究也持续增加。运用扎根理论的原理，对网购主题类型进行深入挖掘，探索网购主题的整体趋势与内在关系。研究发现：（1）网购主题类型由商务生态模式、移动营销、感知风险分析等12个主范畴构成；（2）进一步挖掘主范畴关系结构，发现网购主题类型的4个主要类型，即价值挖掘、外部生态、网购安全与顾客忠诚，并分析得出网购主题类型研究的影响作用机制；（3）对网购主题类型及其作用机制进行验证。最后，对近年来的网购研究方向做出总结，可以看出近年来网购的发展动态及趋势，为其他的研究者提供更多的参考。

如今网络购物发展迅猛，已成为热门话题。学者们也热衷于此，关于网购研究的文献持续增加。根据中国知网（CNKI）上“学术关注度”来看，有关网购研究的文献从2007年开始，每年的相关文章收录量快速上升。中国的电子商务已经从萌芽阶段往成熟方向发展，在此过程中，如何清楚地观察到网购市场的选择和需求以及未来发展的趋势，已成为平台经济转型、升级的关键。文献计量和内容分析法是获取文献知识图谱和学科发展趋势的重要方法，本章在此基础上充分利用文本挖掘技术，对高关注度的网购文献进行采集、预处理、标注等过程，采用扎根理论法综合上述方法系统地探索了近年来以网购为主题的相关研究，进而揭示网购研究的重点领域和未来研究方向，为移动电商和O2O商业模式构建研究提供可借鉴的思路与对策。

3.1 理论基础

客户是网购企业的生命线和重要资产，而客户终生价值（customer lifetime

value，CLV）将是企业不懈追求的动力和方向，它是企业在与顾客关系持续的整个阶段中所获得的全部价值①，由已实现价值和未来价值所构成②。客户终生价值理论既要关注已经达到交易的客户价值，还要充分挖掘客户未来的成长价值，例如，国内电商全力打造自己的生态系统，在移动化和本地化服务方面竞争异常激烈，其目的就是想延长客户终生价值，优势便是提高了客户的转移成本，加强了客户"黏性"。然而，这样的客户战略也有一定的风险，如何考虑客户波动风险、衰退风险、流失风险与信用风险是目前客户关系管理领域所关注而且亟待解决的难题③，解决这一难题将有助于修正 CLV 模型。不仅如此，近年来，有学者利用系统动力学的相关理论和方法，建立了客户终生价值的系统动力学模型，仿真结果显示，投资水平、资费水平和竞争强度对客户终生价值的影响效果明显④。实际上，学术界以客户为研究对象，呈现出了从客户价值延伸到终生价值，从客户个体画像到群体动力，从客户静态模式到动态交互模式的一系列重要变化，而且与营销实践有了紧密联系。此外，管理界特别注重网购场景的用户体验研究，因为它将企业的商业模式、服务方式、盈利模式等融入良好的用户体验中，通过增强客户黏性提升用户忠诚度⑤。总而言之，越来越多的网购相关文献以客户为中心而展开不同视角的研究，而本章以近年来发表在核心期刊上的网购相关文献为研究对象，借助扎根理论的思想建立网购研究的主题框架类型，为进一步对网购研究中的新趋势、新方法、新理念等有一个系统的认识，也为电商平台优化与精准化营销策略提供有价值的参考。

3.2 网购相关文献的主题类型及其结构关系

3.2.1 研究设计

本章针对国内期刊对网购主题分类研究的文献，采用扎根理论的研究方法，

---

① 齐佳音，马君，肖丽妍，钟永光．考虑客户风险修正的客户终生价值建模［J］．管理工程学报，2015，29（2）：149-159.

② 钱颖，汪守金，黄向宇，赵来军．基于系统动力学的客户终生价值提升策略［J］．系统管理学报，2013，22（5）：720-727.

③ 刘立丰．网络购物体验对网购用户忠诚影响的实证研究［J］．国际新闻界，2012，34（5）：64-69.

④ 常雪．国外顾客终生价值研究［J］．特区经济，2007（4）：96-98.

⑤ 罗青军，何圣东．基于顾客终生价值分析的营销策略研究［J］．商业经济与管理，2005（1）：48-51.

分析文献的摘要部分，推断出当前网购主题分类研究的热点及发展动态。

（1）数据采集。

根据网购的定义及过程所包含的热点词，本章主要检索CNKI中所收载的有关网购主题的期刊，选取16个词作为关键词，选择以关键词为检索项，检索出CNKI中有关网购主题的文献共13454篇。根据被引数、下载量、主题相关度排序，在每个关键词下提炼出共300篇有代表性的文章，并利用CNKI的导出功能导出摘要部分。

（2）研究方法。

本章运用扎根理论的方法，分析收集文献的摘要部分，得出当前网购主题分类研究的热点及发展动态，提炼出网购主题分类的影响机制。

（3）研究工具。

利用沈阳教授设计编码的ROST Content Mining System内容挖掘软件进行网购主题分类文献摘要的内容挖掘分析。

3.2.2　样本选择

为达到规范性、科学性、全面性，在数据采集和资料处理过程中本章采取以下标准对样本的数量和质量进行控制：

（1）数据采集：①样本来源广泛；②确保信息采集的全面性。对网购相关主题的期刊论文进行大量随机索引，以充分保证网购主题的研究类型；③体现选择样本的代表性。对被引数、下载量、主题相关度最多的期刊论文进行导出；④保证信息搜索的有效性。通过以上采集标准共获取400个文献摘要。

（2）资料整理：①删除重复文献；②删除非核心期刊且文献摘要过于简短的论文。通过以上筛选标准，最后得到300个有效文献摘要。

在以上基础上，利用标注工具对300个文献摘要进行文本标注，由于摘要内容较多，最终获得了777条标注词表，因此为以下扎根研究奠定了前期基础。

3.2.3　开放式编码

开放式编码（open coding）。经过多次对文献摘要逐字逐句地整理分析，得到开放式编码，对每个范畴抽取了若干原始语句进行编码。如表3.1所示，我们最终形成了33个范畴及初始概念，由于版面所限不能一一呈现出全部范畴。

表 3.1　　网购主题研究分类开放式编码及统计（n=777 条标注词）

序号	范畴	标注（条）	百分比(%)	典型原始资料语句（初始概念）
No. 1	网购发展趋势	85	10.94	网络购物通过近年来的蓬勃发展，已经成为如今人们的重要消费方式和消费渠道
No. 2	网购主力	83	10.68	大学生群体由于知识程度高、学习能力强而成为网上购物的一大主体
No. 3	电子商务生态	76	9.78	构建电子商务综合生态体系和电子商务与 ERP、CRM 的融合
No. 4	网购行为影响因素	49	6.31	消费者创新性对消费者的网购行为的影响
No. 5	网购体验	35	4.50	用户体验设计提高用户对购物网站的信任度和忠诚度
No. 6	网购决策影响因素	34	4.38	产品类型、消费者类型及其与网上购物决策模式的关系
No. 7	网购意向影响因素	34	4.38	消费者在信息搜索阶段的感性感知价值对购物意愿的影响
No. 8	电子商务模式	33	4.25	中国网络购物 C2C 平台盈利模式
No. 9	网络团购	32	4.12	我国网络团购的特征、商业模式和产业链的现状分析
No. 10	产业特征	27	3.47	农业电子商务市场；网络零售的电子商务行业

3.2.4　主轴编码

在前述基础上进行主轴编码（axial coding），这项工作的目的是开发、抽象出更高层次的主范畴，使研究更加富有层次性和科学性。如表 3.2 所示，根据上述原始语句及文献定义，研究者对范畴进行了科学的定义，归纳出 12 个主范畴，通过主范畴之间的结构关系，探索得出 4 个相关主题。

表 3.2　　主轴编码形成的主范畴

主题类型	主范畴	对应范畴	范畴的含义
外部生态	商务生态模式	电子商务环境	以企业为中心的电子商务的一种基本形式
		电子商务技术	利用计算机技术、网络技术和远程通信技术，实现整个商务（买卖）过程中的电子化、数字化和网络化
		电子商务模式	在网络环境中基于一定技术基础的商务运作方式和盈利模式
		电子商务生态	是由电子商务核心交易企业、金融服务企业、物流服务企业、政府等组织机构以联盟，或虚拟合作等方式通过互联网平台分享资源，形成的一种生态系统
	移动营销	电子商务传播	是指在网购中商家努力使消费者通过亲朋好友之间的交流将自己的产品信息、品牌传播开来
		移动电子商务	指通过手机、掌上电脑等手持移动终端从事的商务活动
网购安全	法律法规	网购维权	网络购物关系中维护个人或群体的合法权益
		网购政策法规	运用法律规范来调整网络购物中各种社会关系时所形成的各种制度
	感知风险分析	网购欺诈	网络购物过程中遭受危险，遭受损失、伤害、不利或毁灭的可能性
		网购感知风险	消费者网络购物过程中无法预知其预期的结果是否正确，隐含着对结果的不确定性
	安全策略	网购安全保障	网络购物过程中对安全方面的保护、使不受侵害
		隐私保护	网络购物交易过程中时间控制、成本风险等安全
价值挖掘	特征挖掘	平台价值挖掘	从网购平台大量的数据中发现搜索隐藏于其中信息、价值的过程
		网购特征	通过互联网进行物品交易所具有的独特的地方

续表

主题类型	主范畴	对应范畴	范畴的含义
价值挖掘	发展模式	网购发展趋势	网购的不断更新、不断变化的过程
		产业特征	根据各种分析工具对网购行业经济的运行状况、产品生产、销售行业要素进行深入的分析
		网络团购	一定数量的消费者通过互联网渠道组织成团，以折扣购买同一种商品
	数据挖掘	数据采集方式	是利用一种装置从系统外部采集数据并输入到系统内部的一个接口
		数据处理方式	是对事实、概念或指令的一种表达形式
		数据分布方式	按照数据的某一特征散布
		数据集中趋势	是指一组数据向某一中心值聚拢的程度，反映一组数据中心点的位置所在
顾客忠诚	营销策略	网购产品质量管理	包括商家的产品自身质量管理和对物流企业提供的有形产品在配送过程中的质量保持服务的管理
		网购成本	分为外生交易成本和内生交易成本
		网购促销活动	包含商品推荐、信息提供、价位驱动等促销特性
		电子商务服务	为电子商务应用提供的服务，即面向机构或个人的电子商务应用的服务
	行为意向	网购决策影响因素	对商品的属性和价值等选择来满足消费者特定需要过程
		网购行为影响因素	包括外界环境因素、个人特征及心理因素、市场营销因素
		网购意向影响因素	包括主观态度和主观规范
	忠诚管理	网购满意度	用户感知到的满意、产品或服务超越期望的满意程度
		网购体验	以用户实际体验为核心的营销以及虚拟体验营销

续表

主题类型	主范畴	对应范畴	范畴的含义
顾客忠诚	忠诚管理	网购信任	网购中的信任可分为信任倾向、制度信任、信任信念（商家信任）和信任意向
		网购信用	由于网络的虚拟性和开放性以及买卖双方的信息不对称时的诚信需要
	网购主力人群	网购主力	接受过大学教育的人，作为社会新技术、新思想的前沿群体、国家培养的高级专业人才通过互联网进行商品购买的行为

3.2.5　选择性编码

经过上述两重编码后，进入选择性编码（selective coding）阶段。如表3.3所示，我们通过进一步归纳和梳理，形成了主范畴的典型关系结构。

表3.3　　　　主范畴的典型关系结构

典型关系结构	关系结构的内涵	网购研究摘要代表性语句
外部生态—顾客忠诚	外部生态是忠诚管理和制定营销策略的前提条件，是决定顾客忠诚的关键要素	在网络和电子商务环境下，网络营销的理论和应用都得到了较成熟的发展
价值挖掘—顾客忠诚	价值挖掘是顾客忠诚的影响因素，为顾客忠诚管理的研究与营销策略的制定提供依据	随着网络经济的发展，网络购物已经成为一种购买物品的流行方式，消费者在享受网络购物带来的自由与便捷的同时也面临着网络购物中存在的各种问题和消费维权的困难，对这些问题和困难进行分析，提出应对策略
价值挖掘—外部生态	价值挖掘是外部生态的决定因素，通过价值挖掘催生趋于完整的外部生态链	随着我国网络消费者数量的急剧增加和网络交易金额的喷发式增长，电子商务的发展前景越来越明朗，但是目前B2C网上药店的发展情况不容乐观

续表

典型关系结构	关系结构的内涵	网购研究摘要代表性语句
网购安全—顾客忠诚	网购安全是顾客忠诚的根本保障，可以维护顾客自身权益，进而影响忠诚购买行为	如何通过弥补现有法律制度的缺陷达到保护网络消费者权益之目的是当前必须要认真对待的问题
价值挖掘—网购安全	价值挖掘是网购安全的基础动力，激发制定网购法律法规、安全策略和对感知风险的分析	互联网的高速发展，网络购物已经成为很多人的消费方式。从法律规制的视角探究网络购物中存在的问题，对于充分发挥网络购物的优势，规范经营者的行为，维护消费者的权益，具有重大的经济、社会意义

3.2.6 理论饱和度检验

（1）原始资料检验法。

对模型中的概念和关系返回加以审查。笔者通过数据采集获得了大量文献的摘要，故有足够的网购主题文献摘要的支持对原始资料进行检验。为保证检验的科学性和规范性，我们编制了编码手册，使可靠性有了保障。

（2）专家评价法。

我们组织了4位市场营销及电子商务领域的专家进行团体焦点讨论，提出了许多建设性意见。在此基础上，我们反复修正范畴、初始概念、研究结论等内容，可信度有了显著的提升。

3.3 本章小结

（1）结论与讨论。

依据扎根理论研究网购主题的文献类型，在通过开放式编码、主轴编码、饱和度检验之后，得出以下结论：①12个主范畴组成了网购主题研究的类型。这些主范畴概括了以网购为主题的研究范围，即对网购的产生、发展及所处的市场、法律环境等进行研究；以消费者的角度研究，如消费者对网购风险的感知分析、网购行为影响因素、忠诚度分析及影响因素等；以企业的角度研究，如相应的营销策略、售后服务、体验理论的应用等。②通过对主范畴的进一步挖掘，提炼出4个主题研究类型，即价值挖掘、外部生态、网购安全、顾客忠诚。

（2）局限与展望。

本书虽已涵盖中国范围内的网购主题文献，但对外文的研究不够详尽，希望在以后的研究中，扩展文献资源，以对本书获得的理论模型进一步完善和改进。

第4章

基于数据挖掘的网购消费者特征及行为研究

【本章导读】 随着社会经济的不断发展，人们生活水平日益提高，电子商务已逐渐走入大众的生活，变成一个不可替代的消费模式。电子商务产品巨大的市场潜力促使这个起步较晚的产业迅速成长起来，并成为促进社会经济发展的一支重要力量。网络时代的到来，使消费者能够更方便快捷地获取信息，而电子商务的出现则加速了网络消费的进程，这迫使企业有必要探究网络消费者的行为特征。

中国的网民对网络购物已经不再感到陌生，越来越多的网民开始接受并尝试这一新兴的购物形式。已有的调查显示，大学生群体已成为网络购物的主要消费者。总结原因，一方面互联网平台为商品信息的发布提供了方便，另一方面网络购物满足了大学生群体的需求。

在第3章中探讨了基于扎根理论的网购相关文献主题类型的研究，而本章采用文献研究法及问卷调查法对网络消费者特征及行为进行研究，在问卷得出数据的基础之上，利用数据挖掘软件进行分析研究，科学地得出研究结果。以大学生消费者为出发点，通过对大学生心理特征、行为特征、购物动机、价格认知和风险感知等方面的分析，加深对该类人群的认知，力求对大学生对待网上购物的态度及与之相关的一些购物行为进行一次比较全面的整理，为网络购物未来的发展提供参考和指导并做出一些贡献。

研究发现：(1) 在社交化背景下，大学生在网络购物中越来越多地体现出消费主动性特征，并且在购物过程中，大学生消费者体现出追求个性需求的特征，购买商品时更注重品牌、档次、时尚等内容。(2) 女性消费者在面对商家广告促销页面信息时更容易产生购买欲望，体现出需求易被诱发的特征。(3) 大学生网购前更注重对信息进行广泛搜集、认真比较的外在表现行为。

科学地分析掌握大学生网络购物的总体情况对分析网络购物的过程、影响因素、个体差异和群体特征都有重要的参考意义。笔者坚信，从“大学生”角度出发，利用数据挖掘的研究方法，将为网购消费者特征及行为的研究注入新的活力。

4.1 研究目的

网民的网购消费活动推动了网络购物的发展。网民作为网络购物的主体，在网络中的购物方向及消费情况决定了网络购物的发展状况。

本章主要研究大学生的网络购物行为、特征及其影响因素，科学地分析掌握大学生网络购物的总体情况对分析网络购物的过程、影响因素、个体差异和群体特征都有重要的参考意义。因此本章采用问卷调查法，对样本网络购物用户进行调查①。

4.2 研究方法

本章采用文献研究法及问卷调查法对网络消费者特征及行为进行研究。

（1）文献研究法。

阅读国内外文献资料，进行系统分析，学习本领域研究中先进的思想与研究方法。对国内外网购消费者特征及行为的研究状况及现有研究进行综述，从中了解网购消费者研究现状以及相关的理论，并结合对大学生网购的研究分析，为本章研究提供了理论基础。

（2）问卷调查法。

通过问卷调查方式了解大学生网络购物的总体情况，不仅了解大学生网络购物的需求、过程和影响因素，还了解大学生在网络购物过程中面临的风险问题及对网络购物的满意度。对收集到的数据进行描述性统计分析、聚类分析及关联分析，通过数据分析结果反映网络购买中大学生购买行为的基本情况。具体研究方法如下：

① 崔敏．大学生网络购物行为研究［D］．山东师范大学，2012.

①人口统计学变量分析。通过分析人口统计因素各构成要素的相关性，进行基本的描述性分析工作。

②数据挖掘分析。采用 IBM SPSS Modeler 软件对问卷得来的数据进行聚类分析及关联分析，通过数据分析结果研究网购消费者行为及其影响因素。

4.3 消费者行为相关研究

4.3.1 经典行为理论

消费者行为研究就是针对购买过程及影响消费者行为的因素展开的探索，以期寻找其中的规律性。关于消费者行为研究的论著自 20 世纪 60 年代起就不断出现，其中以理性行动理论（theory of reasoned action，TRA）、计划行为理论（theory of planned behavior，TPB）最为著名[①]。

（1）理性行动理论。

王冬菊在《网络消费者行为建模》中引入 TRA 模型，该模型是费舍宾恩和阿吉曾（Fishbein and Ajzen）于 1975 年提出，主要用于检验态度和意图因果关系的模型[②]。该理论认为行为意图（behavior intention，BI）引起行为（behavior），而行为意图又决定于个人对行为的态度（attitude）和主观标准（subjected norms，SN），即个人在社会生活中形成的对事物的判断标准，如图 4.1 所示。

图 4.1　理性行动理论框架

资料来源：Fishbein M，Ajzen I. Belief，attitude，intention，and behavior：an introduction to theory and research [M]. Addison – Wesley，1975.

行为意图的估计可用公式表示为：

① 何景凤. 网络团购消费者购买行为影响因素的实证研究 [D]. 广西大学，2012.

② 王冬菊. 网络消费者行为建模 [D]. 五邑大学，2012.

$$B \approx BI = f_1(A) + f_2(SN) \tag{4.1}$$

其中，B 代表行为，BI 表示行为意图，$f_1(A)$ 代表态度影响函数，$f_2(SN)$ 代表主观标准函数。从式（4.1）可以看出费舍宾恩和阿吉曾已经验证了意图和行为间的显著相关关系。TRA 理论主要运用于预测和理解个体消费者的行为。

（2）计划行为理论。

计划行为理论，是在 TRA 基础上的扩展。1980 年，阿吉曾（Ajzen）将多属性态度理论（theory of multi - attribute attitude，TMA）与理性行动理论结合起来发展得出 TPB，该理论不再受到人是理性的基本假设的限制。该理论认为，行为是意图和知觉行为控制（perceived behavior control，PBC）的函数，同时意图又是基于行为态度，主观标准和知觉行为控制的函数，如图 4.2 所示。控制信念（control belief，CB）是人们对其所具有的能力、资源和机会的感知，而知觉促进因素（perceived stimulus factors，PSF）是人们对这些资源的重要程度的估计。

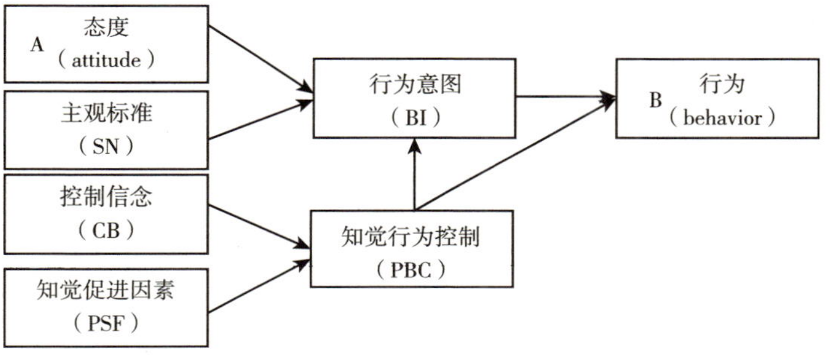

图 4.2 计划行为理论的框架

4.3.2 网购消费者行为的五阶段模型

近年来，在整个社会经济体系中电子商务的迅速发展已经使其越来越受到大众的关注，而在其背后所带动的网络消费者行为的变化也被越来越多的学者研究。消费者网购的行为按照网络购物消费流程可被划分为五个阶段，即诱发需求阶段、信息搜集工作、商品比较选择、斟酌购买决策、产品购后评价①。

（1）诱发需求。

网购过程的起点便是需求的诱发。网购消费者需求可被多种因素诱发，如一

① 阳晓萍 . B2C 旅游电子商务网站个性化服务研究［D］. 东华大学，2007.

个新的流行元素的出现引起的人们对时尚的需求、大型促销活动引发的购物冲动等。人们的需求被诱发，则产生购买行为。

（2）信息搜集工作。

信息搜集是消费者进行网络购物的之前都会进行的活动。消费者在购买之前会通过各种渠道，如电视媒体、报纸期刊、朋友推荐等方面进行产品信息的搜集，为购买行为做好准备工作。对信息搜集的主要来源有家人、朋友及同事等相关群体的“口碑”，网站页面广告图文信息以及自身经验的积累等。

（3）商品比较选择。

网络消费是存在于互联网平台上的活动，具有虚拟性，消费者只能通过浏览商家的文字及产品图片描述来更多地了解商品，而无法进行真实的接触与比较。因此，电子商务企业应对商品进行真实、到位、可靠的描述，不能带有夸张和欺骗的成分。消费者会根据搜集来的信息进行分析选择，根据产品的功能、可靠性、评价等因素，分析选择一种较满意的产品。

（4）斟酌购买决策。

完成商品信息的浏览搜集工作之后，便进入购买决策阶段。在这个阶段，消费者需要决定与购买相关的几项步骤：第一，决定是否进行购买的决策；第二，决定购买产品的类型、类别；第三，决定购买商品的品牌因素；第四，决定购买商品的渠道因素；第五，决定购买数量、购买时机以及支付方式等①。

（5）产品购后评价。

消费者在购买后需要将真实的购物体验表达出来，无论是商品的好坏还是商家的服务都会对其他消费者是否购买此产品产生很大的影响②。因此，电子商务企业应该充分关注网购消费者所写的售后评价，并及时进行沟通。这样能更好地提高商家的信誉，提升产品的性价比，提高竞争优势。

4.4 网购消费者特征相关研究

消费者在网上购物时不仅具有普通消费者的一般特征，还具有自己独特的

① 张曼. 网络消费者行为分析［J］. 科技致富向导，2013（2）：28.

② 薛婵娟. 基于消费者网络购物行为的网络营销策略研究［D］. 安徽大学，2012.

一面[①]。

4.4.1　文化消费

网购消费者的消费行为在一定程度上也受其文化程度和社会环境的影响，年轻化和个性化使得大多数消费者乐于购买文化类产品 。网络消费者通过网络购买的产品主要是书刊、电子产品、软件等相关文化类产品，并且随着女性网民的增加，购买服装配饰以及化妆品的人数也越来越多[②]。尤其是当代大学生非常注重穿着打扮，因此服装饰品类产品已逐渐成为其消费的主要产品。

4.4.2　个性消费

网络购物打破了传统购物方式对时间、地点的限制，让消费者随时随地便可享受网购的乐趣。越来越多的消费者在网络购物时注重网络“淘宝”带来的精神上的愉悦，并且在商品选择上注重个性的凸显[③]。心理上的认同感已成为消费者做出购买产品决策的首要条件，个性化消费也逐步成为网民消费的主流[④]。大学生的年轻活力、个性特征也正符合了个性消费的特征，个性消费这一消费主流必将凸显当代大学生的年轻活力。

4.4.3　主动性消费

网络的出现改变了人们原本相对单调的生活方式，让人们通过另一种虚拟的方式更多地获取外界信息。在网络虚拟环境中，消费者都会主动地去寻找一些自己需要的信息，并将这些信息储备起来作为实施购买决策的依据。大多数网络消费者在确定了购买对象之后，便会积极主动地与商家取得联系，并由此产生购买行为。目前大学生总是在课余时间游荡在各大购物平台之中，享受着主动搜集各种产品宝贝的乐趣，这也正是主动性消费的体现。

---

① 李旺奇．大学生网购现状调查［J］．中国外资，2012，（16）：207.

② 杨云峰．网络消费心理与行为研究［D］．北京邮电大学，2008.

③ 闫静．网络购物的消费者行为研究及应对策略［J］．经济师，2010（5）：49－50.

④ 陈丽．老年人购物网界面的可用性设计研究［D］．上海交通大学，2007.

4.5 网购消费者行为影响因素的相关研究

网购消费者购买行为会受众多因素的影响。其中，内部因素包括消费者自身的计算机水平、喜好等；外部因素包括商品价格、物流速度以及商家服务态度等。商家应抓住影响消费者网购行为的因素，进行分析研究，以满足消费者需求。

（1）消费者的个体因素。张曼在《网络消费者行为分析》中表述，个体因素反映了消费者之间的差异，是常用的市场细分变量，具体又包括人口统计学因素、心理过程因素和心理特征因素。在对大学生的调查中，人口统计学变量分析主要是对其性别、年级、家庭背景、每月花销等方面的调查，这些方面反映着每一个不同的个体之间的差异。

（2）相对传统消费者，网购消费者需要具有比较好的计算机水平。不论是在信息搜集、购买决策还是购后评价方面，都需要消费者对网站操作流程熟练掌握。本书认为，具有较强的计算机能力以及网购能力的人则会更喜欢进行网络购物。

（3）产品因素。产品的功能、特性、价格、质量等都会决定消费者的购买行为。研究发现，消费者对产品价格的敏感度在网络环境中高于在传统渠道中的敏感度，消费者选择在网上购物，主要的原因就是网站的售价比较低。而对于大学生网购来说，功能齐全、个性鲜明的产品往往会成为其购买的热点。

（4）感知风险因素。网民在网购时会十分担心个人隐私及交易安全，并且会对产品质量产生怀疑，这些因素都会影响消费者网上购物的行为。而大学生作为一个比较特殊的群体，还没有完全独立于父母，其资金来源还是来自父母，属于“纯消费者”的群体。因此购物时会比较多地考虑商品的价格，“便宜、实惠”成为大学生购物的主要考虑因素，商家便会利用大学生这一心理，用低成本的假冒品来冒充真品进行销售，这时感知风险的能力则成为影响大学生购物决策的因素。

（5）物流速度因素。消费者进行网络购物不仅会考虑商品自身的因素，物流配送也是其进行网购行为的影响因素之一。高效成熟的商品配送体系不仅能提高商家的服务效率，还能提升顾客满意度，这也将影响网购者的决策行为。

4.6
研究被试

本章的研究数据主要是通过设计调查问卷进行网络问卷填答获得，在问卷中分别设置了两部分问题，包括人口统计学变量和网购消费者特征及行为研究。调查研究通过 E-mail 邀请东北大学秦皇岛分校、东北石油大学、北京科技大学、华北电力学院、武昌理工大学、新疆大学、上海电力学院、厦门理工学院、河海大学、石河子大学等高校的大学生进行网上问卷填答。整个调查历时两个月左右，总共反馈问卷 304 份，对问卷进行整理后，得到有效反馈问卷 304 份。

4.7
问卷设计

本次调查问卷的设计，在前人研究文献的基础上，参考国内外学者的观点，并与部分网购经验丰富的大学生进行问卷设计的访谈，最终形成正式调查问卷①。

本调查以“网购消费者特征及行为研究——基于大学生网上购物体验的调查”为主题，将问卷分为两个部分：人口统计学变量、网络消费者特征及行为调查。

人口统计学变量主要包括性别、年级、专业、每月开支、性格、家庭背景等内容。这一部分的调查是分析个人基本属性是否影响消费行为。

网络消费者特征及行为调查主要从特征和行为方面分别考察。特征方面主要从大学生消费者个性消费、主动性消费、感知风险特征等指标进行考察；行为方面主要从大学生网络购物所占时间、网络购物消费金额、浏览购物网站时间及购买行为、购买商品的侧重点、网络购物的商品类型、购后对商品的评价等指标进行考察。

《网购消费者特征及行为研究——基于大学生网上购物体验调查问卷》通过问卷星在线填答获得，以选择题的方式填答。问卷共设计 27 道选择题，其中有 24 道单选题、3 道多选题，数量适中、涵盖范围广，内容涉及消费者网络购物的过程及可能出现的问题，题目从消费者网络购物的需求动机到网络购物的购后评价均有涉及。

① 薛婵娟．基于消费者网络购物行为的网络营销策略研究［D］．安徽大学，2012.

4.8 结果及分析

4.8.1 描述性统计分析

（1）交叉分析。

①学生家庭背景与每月生活开支的交叉分析。

如表4.1所示，来自农村家庭背景的学生有43名每月生活开支在900元以下，占调查总人数的14.1%；来自城镇的学生每月生活开支在900元以下的有14人，占总调查人数的4.6%；来自中等城市的学生则有9人，占调查总人数的3.0%；来自大城市的学生每月生活开支在900元以下的人数却为0。而在1801元以上的生活开支中，来自农村的学生为0，来自大城市的却有16人，占总人数的6.2%。从中可以看出，学生的家庭背景和学生每月的生活开支的关系中，家庭背景越好，每月的生活开支越高；家庭背景越低，每月的生活开支越低。

表4.1　学生家庭背景与每月生活开支交叉分析表

项目			每月生活开支					合计
			900元及以下	901～1200元	1201～1500元	1501～1800元	1801元及以上	
家庭背景	农村（乡、村）	计数	43	36	12	2	0	93
		总数的百分比(%)	14.1	11.8	3.9	0.7	0.0	30.6
	城镇（县级以下，镇、县）	计数	14	35	16	11	1	77
		总数的百分比(%)	4.6	11.5	5.3	3.6	0.3	25.3
	中等城市	计数	9	15	42	15	2	83
		总数的百分比(%)	3.0	4.9	13.8	4.9	0.7	27.3
	大城市	计数	0	3	18	14	16	51
		总数的百分比(%)	0.0	1.0	5.9	4.6	5.3	16.8
合计		计数	66	89	88	42	19	304
		总数的百分比(%)	21.7	29.3	28.9	13.8	6.2	100.0

②每月生活开支与通常网购中购买的产品金额的交叉分析。

如表4.2所示，月生活开支在900元及以下的学生在网购中的购买会额有35人都在100元及以下，占调查总人数的11.5%，而这些学生当中购物金额在500～1000元以及1000元以上的人数却为0。每月生活开支在901～1200元的学生则在网购中购买金额为101～200元为多，有43人，占总调查人数的14.1%。从中可以看出，每月生活开支比较大的学生在网购过程中的花销也比较多。

表4.2　　每月生活开支与通常网购中购买产品金额交叉分析表

项　目			网购金额					合计
			100元及以下	101～200元	201～500元	501～1000元	1001元及以上	
每月生活开支	900元及以下	计数	35	26	5	0	0	66
		总数的百分比(%)	11.5	8.6	1.6	0.0	0.0	21.7
	901～1200元	计数	33	43	11	1	1	89
		总数的百分比(%)	10.9	14.1	3.6	0.3	0.3	29.3
	1201～1500元	计数	9	39	38	2	0	88
		总数的百分比(%)	3.0	12.8	12.5	0.7	0.0	28.9
	1501～1800元	计数	4	13	20	4	1	42
		总数的百分比(%)	1.3	4.3	6.6	1.3	0.3	13.8
	1801元及以上	计数	0	1	7	10	1	19
		总数的百分比(%)	0.0	0.3	2.3	3.3	0.3	6.2
合计		计数	81	122	81	17	3	304
		总数的百分比(%)	26.6	40.1	26.6	5.6	1.0	100.0

③上网便利性与通过该网站近半年网购商品次数交叉分析。

如表4.3所示，在上网很不便利的6名同学中，有3人购买次数在1～3次，占该类学生的50%；而上网比较便利的学生中有35人购买次数为3～5次，占该类学生的35.7%，上网很便利的学生中有55人购买的次数在7次以上，占该类学生的46.2%。通过分析可知，上网便利的学生会比较经常地进行网络购物。

表4.3　　上网便利性与近半年网通过该网站购商品次数交叉分析表

			近半年商品购买次数					合计
			1次及以下	1~3次	3~5次	5~7次	7次及以上	
上网的便利性	很不方便	计数	1	3	2	0	0	6
		您上网的便利性中的百分比(%)	16.7	50.0	33.3	0.0	0.0	100.0
		总数的百分比(%)	0.3	1.0	0.7	0.0	0.0	2.0
	不方便	计数	4	3	2	1	1	11
		您上网的便利性中的百分比(%)	36.4	27.3	18.2	9.1	9.1	100.0
		总数的百分比(%)	1.3	1.0	0.7	0.3	0.3	3.6
	一般	计数	8	24	22	10	6	70
		您上网的便利性中的百分比(%)	11.4	34.3	31.4	14.3	8.6	100.0
		总数的百分比(%)	2.6	7.9	7.2	3.3	2.0	23.0
	比较方便	计数	6	25	35	15	17	98
		您上网的便利性中的百分比(%)	6.1	25.5	35.7	15.3	17.3	100.0
		总数的百分比(%)	2.0	8.2	11.5	4.9	5.6	32.2
	很方便	计数	1	21	27	15	55	119
		您上网的便利性中的百分比(%)	0.8	17.6	22.7	12.6	46.2	100.0
		总数的百分比(%)	0.3	6.9	8.9	4.9	18.1	39.1
合计		计数	20	76	88	41	79	304
		您上网的便利性中的百分比(%)	6.6	25.0	28.9	13.5	26.0	100.0
		总数的百分比(%)	6.6	25.0	28.9	13.5	26.0	100.0

④学生性别与平均每星期浏览该网站时间的交叉分析。

如表4.4所示，当平均每周浏览该网站时间为1小时及以下时，男生有71人，占该类总人数的69.6%，而女生则有31人，仅占该类总人数的30.4%。当浏览该网站时间为3~5小时时，男生有20人，占该类总人数的37.7%，而女生有33人，占该类总人数的62.3%。当浏览时间为5~7小时时，男生人数仅有4人，占该类总人数的12.5%，女生人数已达到28人，占该类总人数的87.5%。以上数据表明，随着浏览网站时间的增加，女生人数比例呈上升趋势，而男生人数比例呈下降趋势，因此学生的性别对于浏览购物网站的时间有一定的关系，女生更喜欢长时间的购物享受。

表4.4　　学生性别与平均每星期浏览该网站时间交叉分析表

<table>
<tr><th colspan="3" rowspan="2"></th><th colspan="2">性别</th><th rowspan="2">合计</th></tr>
<tr><th>男</th><th>女</th></tr>
<tr><td rowspan="10">每周浏览时间</td><td rowspan="2">1小时及以下</td><td>计数</td><td>71</td><td>31</td><td>102</td></tr>
<tr><td>占每周浏览时间的百分比(%)</td><td>69.6</td><td>30.4</td><td>100.0</td></tr>
<tr><td rowspan="2">1~3小时</td><td>计数</td><td>53</td><td>51</td><td>104</td></tr>
<tr><td>占每周浏览时间的百分比(%)</td><td>51.0</td><td>49.0</td><td>100.0</td></tr>
<tr><td rowspan="2">3~5小时</td><td>计数</td><td>20</td><td>33</td><td>53</td></tr>
<tr><td>占每周浏览时间的百分比(%)</td><td>37.7</td><td>62.3</td><td>100.0</td></tr>
<tr><td rowspan="2">5~7小时</td><td>计数</td><td>4</td><td>28</td><td>32</td></tr>
<tr><td>占每周浏览时间的百分比(%)</td><td>12.5</td><td>87.5</td><td>100.0</td></tr>
<tr><td rowspan="2">7小时及以上</td><td>计数</td><td>4</td><td>9</td><td>13</td></tr>
<tr><td>占每周浏览时间的百分比(%)</td><td>30.8</td><td>69.2</td><td>100.0</td></tr>
<tr><td colspan="2" rowspan="2">合计</td><td>计数</td><td>152</td><td>152</td><td>304</td></tr>
<tr><td>占每周浏览时间的百分比(%)</td><td>50.0</td><td>50.0</td><td>100.0</td></tr>
</table>

⑤通常网购中购买的产品金额与挑选同类商品时最侧重的因素的交叉分析。

如表4.5所示，当购买产品金额在100元及以下时，消费者对于价格因素的考虑比较注重，占该类购买金额人数的44.4%，此时对于个性、品牌、档次等因素的考虑非常小。当购买产品金额在101~500元之间时，消费者更侧重于质量因素，考虑质量因素的人分别占该类购买金额人数的47.5%和39.5%。当购买金额超过1000元时，消费者则最多侧重的是档次，此时选择档次因素的消费者占该类消费者的66.7%。由此可以看出，当消费金额较低时，消费者大多考虑的是价格、质量等比较实惠的因素，从而使我们购买的产品更加有价值。而当消费的金额很高时，既然做了这么高的消费，消费者考虑的因素则主要放在品牌、档次上，追求一个精神上的享受。

表 4.5　通常网购中购买的产品金额与挑选同类商品时最侧重的因素交叉分析表

			挑选商品侧重点							合计
			价格	质量	时尚	个性	品牌	档次	款式	
网购金额	100 元及以下	计数	36	33	1	2	2	1	6	81
		网购金额中的百分比（%）	44.4	40.7	1.2	2.5	2.5	1.2	7.4	100.0
	101～200 元	计数	35	58	8	8	2	4	7	122
		网购金额中的百分比（%）	28.7	47.5	6.6	6.6	1.6	3.3	5.7	100.0
	201～500 元	计数	10	32	17	4	6	4	8	81
		网购金额中的百分比（%）	12.3	39.5	21.0	4.9	7.4	4.9	9.9	100.0
	501～1000 元	计数	0	3	5	0	6	3	0	17
		网购金额中的百分比（%）	0.0	17.6	29.4	0.0	35.3	17.6	0.0	100.0
	1001 元及以上	计数	0	0	0	0	1	2	0	3
		网购金额中的百分比（%）	0.0	0.0	0.0	0.0	33.3	66.7	0.0	100.0
合计		计数	81	126	31	14	17	14	21	304
		网购金额中的百分比（%）	26.6	41.4	10.2	4.6	5.6	4.6	6.9	100.0

（2）相关性分析。

①学生家庭背景与每月消费开支、网购情况等相关性研究。

如表 4.6 所示，第一，学生每月的生活开支与家庭背景呈正相关关系，相关系数为 0.621，相关性比较显著。分析其原因可知，学生的家庭背景影响了其生活花销的习惯，农村家庭的孩子花销较小，每月的生活开支也比较小。而城市家庭的学生每月的开销则比较大。第二，学生每月的生活开支与在网购中购买产品的金额呈正相关关系，相关系数为 0.577，相关性比较显著。分析其原因可知，学生每月在网购中的开支比较大的，则月开支就比较大，可见现在大学生比较倾向于网络购物，生活中许多开销均用于网络购物，网购的金额影响了学生的每月生活开支金额。第三，学生家庭背景与网购中的购买产品金额呈正相关关系，相关系数为 0.508，相关性比较显著。分析其原因可知，来自农村家庭的学生在生活各方面都比较节俭，花销较小，因此其长期养成的购物习惯影响了在网络购买中的花销情况，花销则比较小。而来自大城市的学生长期养成的购物习惯导致了其在网络购买的过程中花销也比较大，这充分体现了学生家庭背景正向影响了其在网购中的购买产品金额数。第四，学生平均每个星期浏览网站的时间与网购中购买产品的金额呈正相关关系，相关系数为0.337，相关性较为显著，分析其原因可知，当代大学生非常热衷于浏览各大购物网站，而浏览购物网站则是收集、筛选购物信息的过程，浏览时间越长，其购买产品的可能性越高。越是比较经常浏览购物网站的学生，在网购中购买产品的金额也越多。因此可以看出，学生浏览网站的时间正向影响了其在购买过程中的产品金额数。第五，学生性别与平均每个星期浏览该网站时间呈正相关关系，相关系数为0.337，相关性较为显著。结合交叉分析可知，随着浏览网站的时间增长，女生的人数逐渐呈现上升趋势，而男生则呈现下降趋势。这体现出女生生活中较男生更喜欢购物类的享受过程，说明学生的性别也正向影响了其浏览购物网站的时间，女生喜欢花更多的时间在浏览购物网站上。第六，通常在网购中购买的产品金额与其购买同类产品时的侧重点呈正相关关系，相关系数为0.320，相关性较为显著。结合交叉分析可知，随着学生通常在网购中购买产品金额的增加，学生对于产品的价格方面的注重在下降，说明当购买产品金额数较大时，价格因素已不是考虑的必要因素。而随着购买金额数的增加，学生对于品牌、档次这两个因素的侧重在不断提升，说明当购买金额数增大的同时，购买者更加侧重于产品的品牌和档次。因此，网购产品的金额正向影响了消费者购买同类商品的侧重点。

表4.6　　具有显著相关性的正相关变量分析表（一）

变　量	1	2	3	4	5	6	7
1. 性别	—						
2. 每月生活开支	0.145*	—					
3. 家庭背景	0.183**	0.621**	—				
4. 每周浏览时间	0.337**	0.226**	0.236**	—			
5. 网购金额	0.069	0.577**	0.508**	0.337**	—		
6. 网购最吸引地方	0.134*	0.176**	0.135*	0.144*	0.279**	—	
7. 挑选商品侧重点	0.175**	0.218**	0.205**	0.176**	0.320**	0.281**	—

注：** 在0.01水平（双侧）上显著相关；* 在0.05水平（双侧）上显著相关。

②学生浏览网站情况与购买情况相关性研究。

如表4.7所示，第一，学生平均每星期浏览该购物网站的时间与近半年通过该购物网站购买商品的次数呈正相关关系，相关系数为0.451，相关性比较显著。分析其原因可知，浏览购物网站是进行购买产品的信息筛选收集工作，浏览的时间越长，收集到的信息量越大，产生购买行为的可能性也就越大。花费多数时间在浏览购物网站的学生，则在该网站购买的商品次数会更多，因此平均每星期浏览该购物网站的时间正向影响了近半年通过该网站购买商品的次数。第二，上网的便利性与近半年通过该网站购买的产品次数呈现正相关关系，相关系数为0.396，相关系数较为显著。分析其原因可知，上网越便利的学生，能够浏览购物网站的机会也越多，因此上网便利的人会有更多机会在网站购买商品，其上网的便利性正向影响了近半年通过该网站购买产品的次数。第三，近半年通过该网站购买产品的次数与每月生活开支呈正相关关系，相关系数为0.355，相关性较为显著。分析其原因可知，现在大学生网上购物已经成为生活中的一部分，网购中的支出占总支出的比例也在上升。随着在购物网站购买产品的次数增加，在网购方面的支出也在增加，这大大影响了学生每月的生活开支数额。因此，近半年通过该网站购买产品的次数正向影响了学生每月的生活开支。

表4.7　　具有显著相关性的正相关变量分析表（二）

变　量	1	2	3	4	5
1. 性别	—				
2. 每月生活开支	0.145*	—			
3. 上网的便利性	0.159**	0.282**	—		
4. 近半年商品购买次数	0.199**	0.355**	0.396**	—	
5. 每周浏览时间	0.337**	0.226**	0.139*	0.451**	—

注：** 在0.01水平（双侧）上显著相关，* 在0.05水平（双侧）上显著相关。

③网站广告、推荐信息等情况与购买行为相关性研究。

如表4.8所示，第一，网店页面中的广告和促销信息是否会让人产生购买欲望与在某一网店看到想要的商品是否会直接购买呈正相关关系，相关系数为0.389，相关性较为显著。分析其原因可知，网店页面经常会出现各种广告和促销信息，能够被这些外界信息影响的人是容易被主观意识左右的人，当他们看到广告促销上一和喜爱的产品就会很容易产生购买的欲望，这一类消费者在看到自己想买的产品时更容易做出直接购买的决定。因此，网店页面中的广告和促销信息是否会让消费者产生购买欲望正向影响了消费者在看到一件想要的商品时是否直接购买的行为。第二，网店页面中的广告和促销信息是否会让人产生购买欲望与消费者对网店页面推荐的商品是否感兴趣呈正相关关系，相关系数为0.341，相关性较为显著。分析其原因可知，容易对网店页面的广告和购买信息产生购买欲望的消费者，很容易对页面推荐的商品产生兴趣，因为对网店页面推荐的商品感兴趣，所以会有购买欲望的产生，这两个因素是互相正向影响的关系。

表4.8　具有显著相关性的正相关变量分析表（三）

变　量	1	2	3
1. 广告信息促生购买欲望	—		
2. 直接购买	0.389**	—	
3. 对网店推荐的商品态度	0.341**	0.210**	—

注：** 在0.01水平（双侧）上显著相关。

④浏览网站信息与购买行为相关性研究。

如表4.9所示，第一，近半年通过该购物网站购买商品的次数与浏览网站与购买行为的关系呈负相关关系，相关系数为-0.158，相关性较为显著。分析其原因可知，购买商品次数多的学生，说明其浏览网站次数较多、购买行为频繁，这样的消费者在做购买决定时总是比较果断，在浏览短时间内就可以产生购买行为，而不是浏览很长时间不购买。因此近半年通过该网站购买商品的次数负向影响了浏览网站与购买行为的关系，越是购买次数多的消费者，越容易在浏览短时间内产生购买行为。第二，浏览网站与购买行为的关系与网店页面促销广告是否会让人产生购买欲望呈现负相关关系，相关系数为-0.155，相关性较为显著。分析其原因可知，容易在短时间内浏览购物网站并且产生购买行为的消费者，大多数为目标明确、行动果断的人。他们在网上购物的大多数时间都是快速浏览、迅速决定，而不是反复浏览在许多的广告和促销信息中踌躇不定。这样的消费者不太容易对网店的各种促销信息感兴趣，而是专注于自己需要的商品。而那些浏览网站很久却不买商品的消费者，更喜欢看各种广告和促销信息，以此来为购买决策收集更多的产品信息，这样的消费者则更会对网店的广告和促销信息产生购买欲望。因此，浏览网站与购买行为的关系负向影响了网店页面促销广告是否会让人产生购买欲望。

表 4.9　具有显著相关性的负相关变量分析表（一）

变　量	1	2	3
1. 近半年商品购买次数	—		
2. 浏览网站与购买行为的关系	-0.158**	—	
3. 广告信息促生购买欲望	0.118*	-0.155**	—

注：** 在 0.01 水平（双侧）上显著相关；* 在 0.05 水平（双侧）上显著相关。

⑤学生家庭背景与其直接购买行为相关性研究。

如表 4.10 所示，学生家庭背景与在某一网店看到想要商品时是否直接购买呈负相关关系，相关系数为 -0.204，相关性较为显著。分析其原因可知，来自农村家庭的学生因为其长期养成的消费习惯较为谨慎，在购买商品时总会货比三家地浏览许多信息后才可下决定，因此大多数来自农村家庭的学生在看到一件想要的商品时不会直接购买。而来自城镇以及大城市的学生由于家庭环境的因素，长期养成的购物习惯就比较随心所欲，不会因为一件商品的花销而踌躇不定，因此他们在看到一件想要的商品时大多会直接购买。这就说明了学生的家庭背景负向影响了其看到一件想要的产品时的购买行为。

表 4.10　具有显著相关性的负相关变量分析表（二）

变　量	1	2
1. 家庭背景	—	
2. 直接购买	-0.204**	—

注：** 在 0.01 水平（双侧）上显著相关。

4.8.2　聚类分析

通过聚类分析结果可以更科学地将不同类型消费者进行归类、分析，更好地对消费者特征行为做研究。本章的研究数据主要是通过调查问卷填答获得，总共得到有效问卷 304 份，将这 304 份有效问卷用 IBM SPSS Modeler 进行聚类分析，这里采用 K-means 均值模型进行分析。首先把所有变量放入模型中，以此排除笔者主观干扰；其次设置参数类型，将类别设为五类，最后运行数据流，得出如图 4.3 所示的聚类分析结果。图 4.3 中将所有要素按重要性进行归纳，其中⬟表示最重要，而△表示最不重要，要素的重要性体现出该要素对该类消费者的影响程度。图 4.3 中扇形表示该类消费者占总人数比例，其中，聚类 1 消费者人数最多，而聚类 2 消费者人数最少，根据聚类分析图得出如下结果。

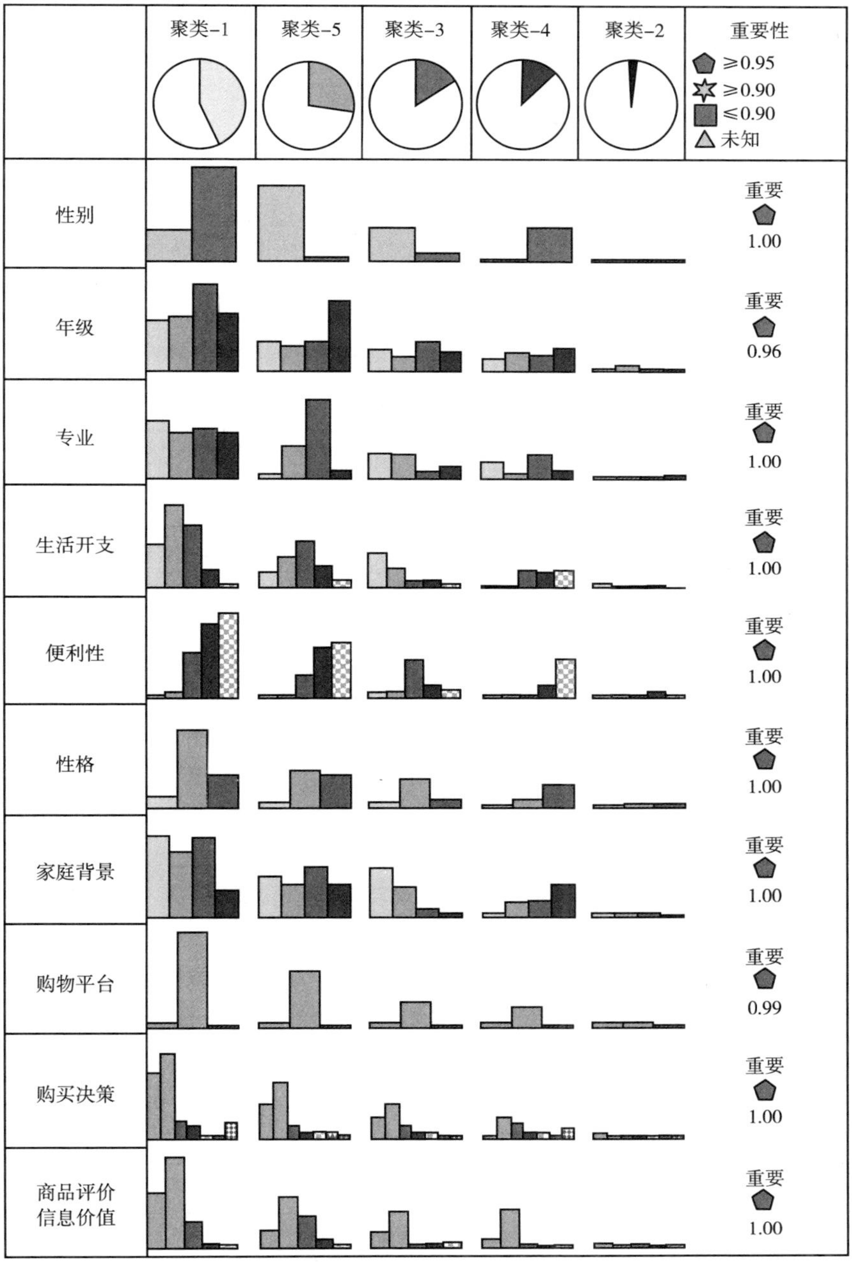
聚类-1
聚类-5
聚类-3
聚类-4
聚类-2
重要性
≥0.95
≥0.90
≤0.90
未知
性别
重要
1.00
年级
重要
0.96
专业
重要
1.00
生活开支
重要
1.00
便利性
重要
1.00
性格
重要
1.00
家庭背景
重要
1.00
购物平台
重要
0.99
购买决策
重要
1.00
商品评价信息价值
重要
1.00

图 4.3　聚类分析图

第一类，主要为月开支在 901 ~ 1200 元，上网很方便，性格趋于内、外向之间的女生。根据聚类分析结果，该类人群中选择 C2C 网站上网的人数占 93.94%，而在近半年上该网站购买商品次数方面，选择 3 ~ 5 次的人数占到 36.36%，并且每周上网时间有 40.15% 均在 1 ~ 3 小时。可以看出这类消费者虽然上网比较方便，但选择网购的次数和时间并不是很多。在通常网购消费金额中，该类消费者有 50.76% 均选择了 101 ~ 200 元，这并不是一个比较高的消费，而该类消费者月开支在 901 ~ 1200 元，这两个数据均说明了这类消费者是一个普通的低消费群体。那么对这样一个消费群体，我们可以从表 4.11 的数据中发现，其网购消费的主要产品为服装鞋帽。

表 4.11　　类型一消费者网购产品类型 K - means 分析

类型	态度	比例（%）
A. 音像制品	否	96.97
B. 服装鞋帽	否	3.03
	是	96.97
C. 软件	否	99.24
D. 电脑产品	否	96.21
E. 礼品玩具	否	65.15
F. 游戏点卡	否	96.21
G. 通信产品	否	93.94
H. 化妆品	否	63.64
I. 首饰配件	否	64.39
J. 数码产品	否	88.64
K. 书籍报刊	否	76.52
L. 家居百货	否	81.06
M. 办公产品	否	93.94
N. 其他	否	96.21

在网上购物的原因中，该类消费者则更倾向于价格便宜、购物方便、产品丰富，如表 4.12 所示。

表 4.12　　类型一消费者网购原因 K – means 分析

原因	态度	比例（%）
A. 价格便宜	是	81.06
	否	18.94
B. 购物方便	是	87.88
	否	12.12
C. 节省时间	是	56.82
	否	43.18
D. 不受地域限制	否	55.30
E. 产品丰富	是	60.61
	否	39.39
F. 网站设计很有吸引力	否	97.73
G. 网站知名度高	否	96.21
H. 寻找稀有产品	否	93.94
I. 尝试新鲜事物	否	93.18
G. 其他	否	100

在浏览网站与购买关系上，该类消费者有 51.52% 的人选择了浏览很长时间后购买。分析其原因为女生在做购买决策时比较理性，会在做好充分的比较准备后才下决定。而在消费情况中，有 54.55% 的人选择了在物品缺失时消费，这与之前分析的该类群体属于普通的低消费群体相吻合。对于这类消费者，他们网购只是在需要的时候才进行。并且在进行购买决策时，有 50.76% 的人认为商品评价信息比较有价值，可见这类消费者是个购物谨慎、理性的群体。在面对网店页面推荐的商品有 56.06% 的人认为是可有可无的，这也可以看出该类消费者不会被各种推荐信息轻易说服，与前面分析的消费特征是在物品缺失时消费相吻合。关于网上购物存在的最主要问题，该类消费者 83.33% 均认为是实物与商品描述差异大，这说明消费者十分注重对商品的真实体验，而网站上的商品描述让大多数消费者获得了不真实的信息，今后商家应该提高商品信息的真实度、可靠性，进而更好地为顾客服务。在未来网购的可能性上，该类消费者有 90.91% 的人选择了网购已成为生活的一部分，会继续购买。这说明了虽然网上购物仍存在许多问题，有待提高、改善，但是消费者对网购依然给予了很大的肯定，并且对未来

的网购消费充满了期待。

第二类，主要为月开支在900元以下，上网比较方便，性格趋于内、外向之间的女生。

根据聚类分析结果，该类人群100%选择了C2C网站进行购物。近半年在该网站购物次数40%的人为7次及以上，并且每周浏览网站时间有40%的人在7小时及以上。从这里可以看出，该类消费群体是一个比较热爱网上购物的群体。但在通常网购的金额中，有60%的人均在101~200元，结合该类消费者月开支仅在900元以下，我们可以看出，虽然这类人群在网购方面的花销并不是很大，但却十分支持并热衷于网上购物，是一个积极的网购偏好群体。由于该类消费者热爱网上购物，其在网购的产品类型也比较多，包括音像制品、服装鞋帽、电脑产品、礼品玩具、化妆品、首饰配件、数码产品、书籍报刊、家用百货等，如表4.13所示。

表4.13　类型二消费者网购产品类型K-means分析

类型	态度	比例（%）
A. 音像制品	是	80.00
B. 服装鞋帽	是	80.00
C. 软件	否	100.00
D. 电脑产品	是	80.00
E. 礼品玩具	是	100.00
F. 游戏点卡	否	60.00
G. 通信产品	否	60.00
H. 化妆品	是	80.00
I. 首饰配件	是	60.00
J. 数码产品	是	80.00
K. 书籍报刊	是	88.64
L. 家居百货	是	80.00
M. 办公产品	否	60.00
N. 其他	否	100.00

在这类消费者中，仍有60%的消费情况为物品缺失时消费，这可以看出虽然这属于一个积极的网购群体，但是也保持着理智的购物特征，不会进行冲动性

的购物，这也解释了该类消费者虽然积极网购但花销仍较小的原因。在进行同类商品挑选时，该类消费者有 80% 更侧重于价格的方面，这充分说明了消费者在购物中的积极、理智的特征。对于商品的评价信息，有 60% 的消费者认为是非常有价值的，可见这类消费者在进行网购时会非常关注各类评价信息，仔细挑选，理智决定。并且对于页面推荐的商品，该类消费者 60% 认为比较感兴趣，根据之前的分析，该类消费者属于积极的网购偏好群体，因此会经常浏览并关注各类商品，对于商家的页面推荐也自然非常感兴趣。关于网上购物存在的主要问题，该类消费者认为是实物与商品描述差异大。这很明确地体现了消费者内心的不满，以及对于商品信息真实性的渴求，商家应该在商品描述的真实可靠性上做改善，提高服务质量，满足消费者需求。对于网购存在的问题，80% 的消费者选择了直接与店家交涉，这体现了该类消费者在处理问题方面直截了当、敢于交涉的特征。在未来网购的可能性上，该类消费者有 80% 均选择了网购已成为生活的一部分，会继续购买。这说明了虽然网上购物仍存在许多问题，有待提高、改善，但是消费者对网购依然给予了很大的肯定，并且对未来的网购消费充满了期待。

第三类，主要为月开支在 900 元以下，上网一般方便，性格趋于内外向之间的，来自农村家庭的男生。

根据聚类分析结果，该类人群 74.47% 经常浏览 C2C 网站。近半年通过该网站购买商品次数为 1 ~ 3 次的占 44.68%，平均每周浏览网站的时间在 1 ~ 3 小时的占 48.94%，并且通常在网购中的消费金额有 44.68% 人均在 100 元以下。这三个数据充分体现出该类人群在网络购物方面并不是很积极，属于普通的低消费群体，这与其家庭背景是来自农村有一定的联系。如表 4.14 所示，可以看出该类人群在网购中的主要产品为服装鞋帽，而对于其他产品则几乎没有过网购行为，并且对于网上购物的原因，该类人群则主要看中了其价格便宜、购物方便等因素。

表 4.14　　类型三消费者网购产品类型 K – means 分析

类型	态度	比例（%）
A. 音像制品	否	89.36
B. 服装鞋帽	否	40.43
	是	59.57
C. 软件	否	97.87

续表

类型	态度	比例（%）
D. 电脑产品	否	95.74
E. 礼品玩具	否	80.85
F. 游戏点卡	否	78.72
G. 通信产品	否	80.85
H. 化妆品	否	95.74
I. 首饰配件	否	91.49
J. 数码产品	否	74.47
K. 书籍报刊	否	91.49
L. 家居百货	否	89.36
M. 办公产品	否	89.36
N. 其他	否	95.74

在浏览网站与购买行为之间的关系中，有51.06%的人选择了浏览很长时间后购买，可以分析出这与学生的家庭背景有着一定的联系，长期的生活习惯使这类人群养成了消费谨慎的习惯，在做一个购买决策时他们往往会经过很长时间的信息搜集比较，而并不会像来自大城市的学生一样很轻易地就做一个购买行为。在挑选同类商品时，这一类人群也更侧重于商品的质量因素。对于商品的评价信息，有57.45%的人认为比较有价值，并且在购买该家商品的决定性因素中，该类人群则主要选择了顾客好评度，可以充分看出他们对于商品质量的看重，希望踏踏实实地买到物有所值的产品。对于在某一网店看到想要的商品时，有51.06%的人选择了不会直接购买，这与前面所分析的该类人群具有购物谨慎的态度有关，他们不属于冲动型消费者。在网上购物存在的主要问题中，仍有55.32%的人选择了“实物与商品描述差异大”，这说明消费者十分注重对商品的真实体验，而网站上的商品描述让大多数消费者获得了不真实的信息，今后商家应该提高商品信息的真实度、可靠性，进而更好地为顾客服务。当遇到以上问题时，该类消费者有57.45%均选择了给予差评，提醒朋友不购买的处理方式，这体现出消费者对商家十分失望，不愿再进行交涉等方法来处理。在未来网购的可能性上，该类消费者有65.96%均选择了网购已成为生活的一部分，会继续购买。这说明了虽然网上购物仍存在许多问题，有待提高、改善，但是消费者对网购依然给予了很大的肯定，并且对未来的网购消费充满了期待。

第四类，主要是上网很方便，性格趋于内外向之间的，来自大城市的女生。

根据聚类分析结果，该类人群有78.73%经常浏览C2C网站。近半年浏览该网站次数有78.38%的人在7次以上，并且每周浏览该网站时间有40.54%的人在5~7小时。该类人群通常在网购中消费金额有50.04%的人在201~500元，从以上三个数据可以清楚发现，该类人群不仅购物频率大，购物金额也非常大，属于网络购物的积极消费者。该类消费者通常网购产品类型则主要为化妆品、首饰配件、家居百货，所占比例如表4.15所示。

表4.15　　类型四消费者网购产品类型K-means分析

类型	态度	比例（%）
A. 音像制品	否	91.89
B. 服装鞋帽	否	62.16
C. 软件	否	97.30
D. 电脑产品	否	83.78
E. 礼品玩具	否	51.53
F. 游戏点卡	否	100.00
G. 通信产品	否	94.59
H. 化妆品	是	86.49
	否	13.51
I. 首饰配件	是	59.46
	否	40.54
J. 数码产品	否	62.16
K. 书籍报刊	否	64.86
L. 家居百货	是	62.16
	否	37.84
M. 办公产品	否	83.78
N. 其他	否	100.00

而在网上购物的原因中，该类型消费者主要侧重于购物方便、节省时间、产品丰富，并且在网购最吸引你的地方中，该类消费者有45.95%选择了全面的商品种类，这与普通消费群体所侧重的低廉价格有着很大的不同。在浏览网站与购

买行为之间的关系中，有70.27%的人选择了浏览很长时间后购买，结合群体类型为女生，可以分析出女生在进行网购决策会比男生有更多的谨慎和犹豫，并且把购物的过程当作一种精神的享受，会在大量的浏览与比较之后才决定下单。在挑选同类商品时，该类消费者更加注重于质量和时尚。并且该类人群同样认为商品评价信息比较有价值。对于网店页面的广告促销信息该类消费者有45.95%的人会产生购买欲望，并且在网店看到想要的产品时有43.24%的人会直接购买，结合前面分析可知，由于该类消费者属于积极的网购消费者，并且家庭背景非常好，因此她们在做一个购买决策时往往会更多地根据自己主观冲动进行，不会太过谨慎。当网购到满意商品时，该类消费者通常会立即评价，这也体现了她们积极、果断的个性。在网上购物存在的主要问题中，仍有56.76%的人选择了实物与商品描述差异大，这说明消费者十分注重对商品的真实体验，而网站上的商品描述让大多数消费者获得了不真实的信息，今后商家应该提高商品信息的真实度、可靠性，进而更好地为顾客服务。当遇到以上问题，该类消费者有48.65%均选择了给予差评，提醒朋友不购买的处理方式，这也体现出消费者对商家十分失望，不愿再进行任何交涉。在未来网购的可能性上，该类消费者有48.65%均选择了网购已成为生活的一部分，会继续购买。这说明了虽然网上购物仍存在许多问题，有待提高、改善，但是消费者对网购依然给予了很大的肯定，并且对未来的网购消费充满了期待。

第五类，主要是正处于大四阶段并且学习工科的，月开支在1201～1500的男生。

根据聚类分析结果，该类消费者有87.95%经常浏览C2C网站。平均每星期浏览网站时间有55.42%的人在1小时以下，这是一个非常短的时间，可以看出该类消费者对于网购并不是很积极。而在通常网购的金额方面，有71.08%的人在101～500元，说明该群体虽然网购不积极，但是并不是低消费群体。在网购产品类型中，该群体则主要选择了服装鞋帽和电脑产品，这可以结合该群体是男性来分析原因。在网上购物的原因中，该群体主要选择了价格便宜、购物方便、节省时间，并且在浏览网站与购买行为的关系中，有75.9%的人选择了在较短时间内买到商品。而网购消费情况中有73.49%的人选择了物品缺失时消费。结合前面所分析的该群体网络购物时间非常短、购物不积极可以看出，他们并不热衷于网购的精神享受，而进行网购只是为了节省时间，方便快捷地购物。在挑选同类商品时，该类消费者更侧重于质量因素。对于购物网站中的商品评价信息该类消费者认为比较有价值。网站页面的广告促销信息有54.22%的人均选择了不会产生购买欲望，并且在看到想要的产品时有42.17%的人不会直接购买，并且对于网站页面推荐的商品，有63.86%的人均认为可有可无，这三个数据都体现了该类消费者不会轻易被外界信息影响到自己的购买决策。在网上购物存在的主要问题中，仍有60.24%的人选择了实物与商品描述差异大，这说明消费者十分注重对商品的真实体验，而网站上的商品描述让大多数消费者获得了不真实的信息，今后商家应该提高商品信息的真实度、可靠性，进而更好地为顾客服务。对于网购存在的问题，48.19%的消费者选择了直接与店家交涉，这体现了该类消费者在处理问题方面直截了当、敢于交涉的特征。在未来网购的可能性上，有80.72%的人选择了网购已成为生活的一部分，会继续购买。这说明了虽然网上购物仍存在许多问题，有待提高、改善，但是消费者对网购依然给予了很大的肯定，并且对未来的网购消费充满了期待。

4.8.3 关联分析

根据IBM SPSS Modeler进行关联分析，通过Apriori模型得出分析结果，将关联度高的几种产品放在一起，可增加销售量。

（1）消费者网上购物的原因与购买产品类型的关联分析。

由表4.16可以看出，消费者购买服装鞋帽和首饰配件与价格便宜、不受地域限制的原因关联度非常高，其中，置信度达到100%，支持度也达到11.184%。这说明当消费者在购买服装鞋帽时会一起购买首饰配件的可能性非常大，并且发生这种购物情况的原因主要是商品价格便宜且购买不受地域限制。如果商家能将服装鞋帽与首饰配件搭配在一起销售，并且降低售价，那么一定会取得非常好的销售业绩。

表4.16　消费者网上购物原因与购买产品类型Apriori分析

<table>
<tr><th>后项</th><th>前项</th><th>支持度（%）</th><th>置信度（%）</th></tr>
<tr><td rowspan="3">服装鞋帽</td><td>首饰配件</td><td rowspan="3">11.184</td><td rowspan="3">100</td></tr>
<tr><td>不受地域限制</td></tr>
<tr><td>价格便宜</td></tr>
<tr><td rowspan="4">服装鞋帽</td><td>首饰配件</td><td rowspan="4">10.197</td><td rowspan="4">100</td></tr>
<tr><td>不受地域限制</td></tr>
<tr><td>价格便宜</td></tr>
<tr><td>购物方便</td></tr>
</table>

续表

后项	前项	支持度（%）	置信度（%）
购物方便	书籍报刊	13. 487	97. 561
	节省时间		
购物方便	首饰配件	13. 487	97. 561
	节省时间		
	服装鞋帽		
购物方便	首饰配件	12. 171	97. 297
	节省时间		
	价格便宜		
	服装鞋帽		
购物方便	不受地域限制	11. 842	97. 222
	节省时间		
	产品丰富		
	价格便宜		

消费者购买书籍报刊的原因主要与购物方便、节省时间有关，其中，关联度的置信度达到97. 56%，支持度达到13. 49%。这说明消费者在网上购买书籍报刊，省去了奔波书店的时间消耗，既方便又省时，这也使网购非常受广大消费者的青睐。同时，在消费者购买服装鞋帽和首饰配件上，也与购物方便、节省时间有非常高的关联度，其中，置信度97. 56%，支持度也达到13. 49%，这个数据表明购物方便、节省时间是广大消费者进行网络购物的很大原因。

（2）消费者网络购物产品类型与购买该家产品的主要原因关联分析。

由表4. 17可以看出，第一，消费者在一家网店购买服装鞋帽类商品与该店商品近期销量、完整的商品展示和图文说明以及同类商品的人气指数的关联性非常高，其中，置信度为97. 56%，支持度为13. 49%。这可看出服装鞋帽类卖家应该在本店商品的展示和图文说明上多费心思，增加更多的展示信息来吸引顾客，从而增加商品人气指数，提高销量。第二，消费者在一家网店购买礼品玩具与该店商品近期销量、信誉级别以及完整的商品展示和图文说明关联度也非常高，其中，置信度为97. 06%，支持度为11. 18%。这说明在销售礼品玩具类商品时，商家不仅需要增加详细的图文说明来吸引顾客，还需要对自身信誉加以提升，因为礼品是顾客买来送人的物品，礼品的质量也代表着顾客本人的心意，那么给顾客提供一个非常好的信誉则是至关重要的，也是获取回头客的资本。因此，只有商家同时加大商品的图文说明度及自身信誉度，才会获得更高的销量。第三，消费者在一家网店购买服装鞋帽和化妆品与该店商品顾客好评度、近期销量以及信誉级别的关联度很高，其中，置信度94.74%，支持度为12.50%。从数据可以看出，消费者对服装鞋帽、化妆品这类贴身物品不仅看重商家的销量及信誉，还非常注重商品的顾客好评度，这体现出了消费者的从众心理，希望看到一件商品得到了大家的认同然后自己才会放心购买，并且在同样的商品中，一定会选择大家都认为好的那个。因此，商家要注重自己的产品质量和自身信誉，从而更好地提高顾客好评度及销量。

表4.17　　消费者网络购物产品类型与购买该家产品的主要原因 Apriori 分析

后项	前项	支持度（%）	置信度（%）
信誉级别	商品配送效率和速度 完整的商品展示及图文说明 近期销量	13.49	97.56
服装鞋帽	同类商品的人气指数 完整的商品展示及图文说明 近期销量	11.84	97.22
信誉级别	礼品玩具 完整的商品展示及图文说明 近期销量	11.18	97.06
信誉级别	商品配送效率和速度 完整的商品展示及图文说明 近期销量 服装鞋帽	13.16	97.06
服装鞋帽	同类商品的人气指数 信誉级别 近期销量 顾客好评度	13.16	95.00

续表

后项	前项	支持度（%）	置信度（%）
顾客好评度	化妆品	12.5	94.74
	信誉级别		
	近期销量		
	服装鞋帽		

4.9 本章小结

本章采取理论结合实践的方法，以大学生网络购物为例，对消费者网络购物的特征及行为进行了数据的挖掘、分析和总结，并提出了网络运营商的发展建议，通过大学生这一网络消费的主要群体来反映部分网购消费者的特征行为，为今后网购消费者的研究分析做出贡献。本章从理论和实践两个层面对消费者网络购物的特征及行为进行了研究，主要结论如下。

（1）从描述性统计分析中发现，在社交化背景下，大学生在网络购物中越来越多地体现出消费主动性特征，他们会花费越来越多的时间浏览购物网站，搜集商品信息，深深地抓住网购平台的方便快捷、节省时间、种类繁多的优势，享受着这个方便快捷的虚拟世界带来的乐趣。并且，在购物过程中大学生消费者体现出追求个性需求的特征，购买商品时更注重品牌、档次、时尚等内容。

（2）从聚类分析中发现，大学生进行网购的主要原因是购物方便、节省时间。在网购过程中对近期销量、商品展示、好评度、信誉等信息给予更多关注。女性消费者在面对商家广告促销页面信息时更容易产生购买欲望，体现出需求易被诱发的特征；而男性消费者在面对商家广告促销信息时不容易产生购买欲望，体现出购物理性的特征。

（3）在关联分析中发现，越来越多的因素会诱发消费者尤其是大学生进行网络购物，并且一旦决定网购，消费者便开始大量的信息搜集工作，对同类产品不断地进行比较选择，尤其是对商品的图文信息等说明以及顾客好评信息进行深度考核，从而选择出心仪的产品。这体现出大学生网购前更注重对信息进行广泛搜集、认真比较的外在表现行为。

由于研究时间有限及本人水平制约，本章还存在着如下局限。

（1）在选择研究对象方面，本章主要研究对象为大学生群体。这一样本群体虽然在电子商务方面具有一定的代表性，但为了更好地服务于网购消费者的研究，应丰富样本类型。

（2）在抽取样本方面，虽然尽可能地包含地域方面的范围，但由于时间等因素的限制，样本的抽取有限，不够全面。

第5章

网购行为执行意向的结构探究

【本章导读】在第4章节中具体探究了基于数据挖掘的网购消费者特征及行为的研究，而本章针对执行意向预测网购行为的复杂性问题，以大学生网购主力群体为研究对象，采用实证分析法，对网购行为执行意向的结构维度、作用机制进行了实证分析。研究结果显示，网购行为执行意向由七个不同维度构成，分别为活动评价、安全保障、网购体验、经验分享、信息价值、渠道成本、个性化推荐，其中个性化推荐、活动评价和网购经验分享是网购行为执行意向的重要中介变量。最后，本章结合大数据和移动互联网时代特征，提出以大数据综合网购搜索行为指数、地理位置服务模式、O2O商务模式和移动商务模式为基础构建网购行为执行意向理论的研究展望。

5.1 研究目的

虚拟经济已成为国家转变经济发展方式的重大战略需求，网络购物在其中注入了强劲的活力。例如，国内某科技公司仅2013年在网购平台上售出了1870万台手机，使其由“中国制造”向“中国创造”转型升级，成为国内优秀企业学习的标杆；2014年“双十一”全民网购狂欢活动加入O2O（Online to Offline）元素后，线上线下联动，据DCCI互联网数据中心的统计数据显示，天猫网站在“双十一”活动当天总成交额达517亿元（数据来源：中文互联网数据资讯中心网站，http：//www. 199it. com/archives/290849. html），瞬间成为全球最大消费热点。因此，网购行为对商业、科技、经济、文化、就业等众多领域产生了重大而深远的影响，深刻认识其规律显得非常重要和紧迫。然而，网购行为的预测是十分复杂和困难的，如何对网购行为进行科学预测成为当前各界关注的焦点问题。研究发现，网购行为执行意向最接近实际行为，它是最佳的行为预测变量[①]。因此，网购行为执行意向的研究，既是大数据时代的一个前瞻性理论课题，也是网购行为预测实践正在兴起的一种新方法[②③]。但是，目前理论界在移动互联网和大数据背景下尚未有网购行为执行意向的实证及交叉研究。本章对于丰富和发展我国网购行为理论与方法、优化网购平台营销模式、提升网购行为预测水平等方面，具有现实意义。

5.2 研究方法

5.2.1　团体焦点法

团体焦点访谈（Focus Group Interview，FGI）也叫专家小组访谈[④]，它是一种收集信息的研究方法，多用于研究的早期阶段，对了解不多的问题或现象进行探索性的定性研究[⑤]。利用团体焦点访谈法可以深入探索知之不多的网购行为执行意向的情景线索与目标导向反应类型、自动关联效应等研究问题，如迅速了解顾客对某一网店品牌、产品、支付、快递、退换货服务等的印象和网购情景线索；诊断网购过程中存在的潜在问题；了解团体访谈参加人对网购中特定现象或问题的看法和态度，为网购行为执行意向调查问卷或其他量化研究采用的研究工具的设计收集资料等，在此基础上进行规模较大的定量研究，为基于大数据的网购行为预测等定量研究结果提供补充。为此，根据团体焦点访谈法的步骤[⑥]，从辽宁省某"985"高校邀请10名专家对网购行为执行意向的影响因素这个主题进行集中讨论，这些专家包括电子商务领域6名优秀教师，市场营销

① Fennis B M，Adriaanse M A，Stroebe W，Pol B. Bridging the intention－behavior gap：Inducing implementation intentions through persuasive appeals［J］. Journal of Consumer Psychology，2011，21（3）：302－311.

② 刘颖，吕本富，彭赓. 互联网搜索数据预处理方法及其在股市分析中的应用［J］. 情报学报，2011，10（10）：1028－1036.

③ 孙毅，吕本富. 网络搜索与经济行为相关性研究综述［J］. 管理评论，2011，23（7）：72－77.

④ 贾建锋，赵希男，温馨. 胜任特征模型构建方法的研究与设想［J］. 管理评论，2009，21（11）：66－73.

⑤ 时雨，仲理峰，时勘. 团体焦点访谈方法简介［J］. 中国人力资源开发，2003（1）：37－40.

⑥ 牛端，张敏强. 高校教师胜任特征模型的构建与验证［J］. 心理科学，2012，23（5）：1240－1246.

领域4名优秀教师。研究者作为主持人，另有一位研究生专门进行录音及访谈记录。主持人首先介绍访谈目的、访谈原则，网购行为执行意向概念模型构建过程、网购情景线索特征、行为目标导向反应等，然后按照访谈提纲对所列问题逐项进行讨论。访谈结束后，研究者根据现场录音对笔录进行补充，作为分析用的文本材料。

通过归纳、总结得到专家的观点：第一，网购行为主要包含三十多种驱动因素，如信赖、喜欢、忠诚、兴趣、需要、线下产品活动聚集、网购经验交流、网上优惠活动、网购节约费用、节约时间、与商家沟通良好、时尚个性、产品丰富多样、网上打折、网上赠品、网上抽奖、网上积分兑换、网上联合促销、购物评价、网络熟人推荐、微博与微信产品热议、网上产品质量不错、网购担保、信用保障、支付安全、信息绑定确认、物流便利、价格低廉、服务便捷、产品细节展示全面、产品色彩丰富、包装精美、网速流畅等原因；第二，网购行为执行意向的驱动线索特征中包含网购行动及行为目标驱动的关键因素，如网购的时空转换线索、网购情景唤起线索、客户让渡价值线索、目标意向线索、自动信任线索等重要因素；第三，网购行为执行意向是重要的网购行为预测变量，但一直缺乏中国情景下的科学测量工具，建议在定性研究的基础上结合移动购物、O2O商业模式及大数据营销趋势编制本土化的网购行为执行意向影响因素的定量研究。

5.2.2 问卷调查法

在前述团体焦点访谈的基础上，选择问卷调查法对网购行为执行意向的影响因素进行定量研究。研究被试为具有丰富网购经验的大学生，他们是网购的主力人群，选择其为研究对象有较强的代表性，而且有助于挖掘其中的复杂网购行为规律。第一，本章通过实地招募河北、辽宁、北京、山东部分高校大学生参与网购行为的调研，对本次调研进行了现场培训和说明；第二，对被试进行了人格与气质类型培训和测评，为后续研究做好准备；第三，宣读指导语，并逐条朗读后让被试填答问卷题项；第四，样本数据回收。总共回收问卷1210份，进行废卷处理之后得到970份有效问卷。被试中男性为463人（占48%），女性为507人（占52%），样本性别分布基本平衡；年龄在18～20岁被试占42%，21～30岁被试占58%，调查对象以在校本科生为主；被试来自农村的占18.8%，城镇的占25.5%，中等城市的占48.3%，大城市的占7.4%，调查对象来自城镇及中等城市居多，来自大城市的比例偏低。

5.2.3 研究工具

因移动互联网、O2O营销模式、大规模网购近年来的异军突起，数据驱动着传统的研究方法，促进了本章研究展开网购行为执行意向的问卷设计和测量工作。第一，本章通过网购评论信息挖掘整理归纳了驱动网购的主要原因，然后通过开放式问卷进一步补充、完善了驱动网购行为的原因，并依次进行排序后对其进行了筛选，保留了网购者最关注的网购情景线索特征和行为目标；第二，根据执行意向的定义，分别从“如果”和“那么”成分将上述网购情景线索与目标导向反应进行了匹配连接，编制了网购行为执行意向测量工具。量表采用李克特7点评分方法，1代表非常不同意，中间强度逐渐增强，7代表非常同意。通过实证分析得知，本测量工具的KMO值为0.854，且Bartlett的球形度检验显著，可靠性Alpha值为0.922，说明自编测量工具有良好的信度和效度，可以测量网购行为执行意向，进行理论建构。

5.2.4 统计分析方法

数据统计分析主要采用SPSS 20.0专业统计软件，网购行为执行意向的结构建模主要采用AMOS 20.0。

5.3 数据分析

5.3.1 问卷效度和信度检验

本章首先采用探索性因子分析并调整量表，然后对调整后的量表进行验证性因子分析以确定量表结构效度。本章用SPSS软件进行了探索性因子分析，其结果显示，网购行为执行意向的测量条目“如果其他网购平台搞活动，那么我会坚守自己信赖的网购平台”在旋转成分矩阵中只分布到一个成分中，说明其贡献率较低，故删除该题。在此基础上，问卷的KMO值为0.854，且Bartlett的球形度检验显著，进一步因子分析的结果显示，如表5.1所示，自编的网购行为执行意向测量工具具有较好的结构效度：主成分分析显示网购行为执行意向呈现七个维度，而且总方差解释率达 62.5%，说明这七个维度能较好地解释网购行为执行意向的行为变异。

表 5.1　　网购行为执行意向的主成分分析

成分	初始特征值			提取平方和载入			旋转平方和载入		
	合计	方差的百分比(%)	累积百分比(%)	合计	方差的百分比(%)	累积百分比(%)	合计	方差的百分比(%)	累积百分比(%)
1	9.541	29.816	29.816	9.541	29.816	29.816	3.887	12.148	12.148
2	3.308	10.338	40.155	3.308	10.338	40.155	3.592	11.226	23.374
3	1.851	5.786	45.940	1.851	5.786	45.940	2.896	9.049	32.423
4	1.504	4.700	50.641	1.504	4.700	50.641	2.665	8.330	40.753
5	1.397	4.366	55.007	1.397	4.366	55.007	2.418	7.555	48.307
6	1.291	4.036	59.042	1.291	4.036	59.042	2.362	7.380	55.688
7	1.115	3.485	62.528	1.115	3.485	62.528	2.189	6.840	62.528

提取方法：主成分分析。

利用探索性分析完成对量表的调整之后，本章对经过处理后的问卷进行了验证性因子分析，其结果如表 5.2 所示，根据成分 1 至成分 7 所对应的测量条目及其意义，对网购行为执行意向的七个因子进行了命名，网购行为执行意向由七个因子构成，分别命名为：活动评价、安全保障、网购体验、经验分享、信息价值、渠道成本、个性化推荐。

表 5.2　　网购行为执行意向旋转成分矩阵

网购行为执行意向成分							
		15 - 抽奖活动	14 - 赠品活动	16 - 积分活动	17 - 联合促销	18 - 好的购物评价	7 - 优惠活动
	活动评价	0.826	0.802	0.799	0.722	0.622	0.525
		22 - 风险担保	23 - 信用记录	26 - 物流发达	21 - 质量保证	24 - 支付安全	29 - 服务周到
	安全保障	0.836	0.748	0.633	0.560	0.488	0.474

续表

网购行为执行意向成分		32－流程简单	31－色彩搭配舒服	33－网购经验丰富	30－细节展示	27－取件方便	—
	网购体验	0.696	0.665	0.617	0.490	0.460	—
		3－聚集机会	4－网购经验分享	1－好奇	—	—	—
	经验分享	0.720	0.704	0.696	—	—	—
		6－选择购物渠道	25－信息绑定	20－媒体热议	13－附加值	—	—
	信息价值	0.723	0.551	0.518	0.516	—	—
		8－线下费用贵	9－沟通良好	11－品种丰富	28－价格低廉	2－兴趣	—
	渠道成本	0.729	0.610	0.574	0.494	0.490	—
		10－时尚个性	12－产品打折	19－熟人推荐	—	—	—
	个性化推荐	0.691	0.664	0.400	—	—	—

提取方法：主成分。旋转法：具有 Kaiser 标准化的正交旋转法。
旋转在 16 次迭代后收敛。

上述研究说明网购行为执行意向具有良好的结构效度，接下来对其信度进行实证分析。本章利用 SPSS 对整体问卷及上述七个因子的信度进行了信度分析，如表 5.3 所示，网购行为执行意向测量问卷具有良好的信度。

表 5.3　　网购行为执行意向问卷信度

变　量	Cronbach's Alpha 值	
活动评价	0.869	0.922
安全保障	0.837	
网购体验	0.778	

续表

变　量	Cronbach's Alpha 值	
经验分享	0.716	0.922
信息价值	0.666	
渠道成本	0.696	
个性化推荐	0.667	

综合上述研究结果分析表明，网购行为执行意向测量问卷具有良好的信度和效度，可以测量网购行为执行意向。

5.3.2 描述性统计和相关分析

如表 5.4 所示，网购行为执行意向各维度变量均具有显著正相关，说明网购时的活动评价、网购信任与安全感知、网购体验、网购经验分享、网购信息价值感知、网购渠道成本及个性化推荐相互正向影响，它们将有效驱动网购者的行为执行意向，提高网购实际行为转化率。另外，从表 5.4 可知，网购者性别、年龄、性格、气质类型等对网购者行为执行意向没有直接相关性，这些个体因素对大数据时代下的网购行为执行意向是否有驱动作用有待进一步研究。

5.3.3 网购行为执行意向的结构方程模型

根据执行意向理论和相关研究结果，对网购行为执行意向进行路径分析。首先，利用 AMOS 20.0 建立预设模型 M4，其路径分析结果如表 5.5 所示；其次，研究者反复循环修正模型路径系数；最后，利用多模型竞争性分析，选择执行意向的最优路径。主要的方法和原则就是 AIC 准则参数比较和利用 ΔX^2 的卡方检验显著①。由于受样本容量及单个模型的 AIC 指数恒定因素的影响，将模型比较和选择指数选为：$\Delta AIC = AIC_i - AIC_{min}$，其中 AIC_{min} 是一系列相关模型中 AIC 的最小值，当 $\Delta AIC \geqslant 10$ 时，应放弃该模型；而当 $\Delta AIC \leqslant 2$ 时，此模型最能得

① Widaman K, Thompson J. On specifying the null model for incremental fit indices in structural equation modeling [J]. Psychological Methods, 2003, 8 (1): 16-37.

表 5.4　　主要研究变量的描述性统计分析结果一览

		均值	标准差	1	2	3	4	5	6	7	8	9	10	11	12	13	14	15	16	17
1	性别	—	—																	
2	年龄	2.574	0.536	-0.173*																
3	专业	3.615	0.821	-0.026	-0.020															
4	年级	2.588	0.824	0.099	0.494**	-0.045														
5	月生活费	3.318	0.969	-0.168*	-0.052	0.035	-0.039													
6	感情状况	1.331	0.500	0.299**	-0.054	-0.068	0.102	-0.022												
7	性格	2.176	0.753	0.022	0.085	0.088	0.052	0.044	-0.047											
8	气质类型	2.014	1.010	-0.032	0.162*	0.015	0.187*	-0.157	-0.036	-0.084										
9	喜欢颜色	3.541	2.136	-0.084	-0.041	0.054	-0.143	0.107	-0.003	0.038	-0.048									
10	童年居住地	1.838	0.962	0.123	-0.069	0.093	-0.059	0.304**	0.084	0.036	-0.152	0.010								
11	活动评价	19.061	7.285	-0.026	0.029	-0.059	0.056	-0.014	0.099	-0.017	0.097	0.010	-0.037							
12	安全保障	27.405	6.586	-0.043	0.015	-0.089	0.026	0.029	0.023	-0.120	0.040	0.020	-0.086	0.388**						
13	网购体验	23.953	5.153	0.066	-0.163*	0.010	-0.024	0.093	-0.018	-0.050	0.045	0.085	-0.010	0.386**	0.688**					
14	经验分享	12.358	3.846	0.035	-0.065	-0.095	-0.036	0.149	0.163*	-0.087	-0.064	0.122	0.098	0.506	0.370*	0.339				
15	信息价值	19.149	4.313	0.037	-0.017	0.003	0.025	0.171*	-0.054	-0.060	0.042	0.055	-0.017	0.300**	0.563**	0.579**	0.383**			
16	渠道成本	26.047	4.844	0.005	-0.045	0.174*	-0.094	0.027	0.066	-0.084	-0.013	0.128	0.082	0.309**	0.455**	0.509**	0.447**	0.441**		
17	个性化推荐	11.615	3.782	0.051	-0.041	-0.039	-0.025	0.110	0.089	-0.021	-0.015	-0.034	0.003	0.608**	0.479**	0.430**	0.484**	0.336	0.388**	
18	执行意向	139.503	26.175	0.017	-0.044	-0.025	-0.006	0.094	0.072	-0.090	0.039	0.067	-0.007	0.722**	0.799**	0.784**	0.664**	0.696**	0.682**	0.719**

注：样本为970，* $p<0.05$；** $P<0.01$（双尾检验）。

到支持[①]。通过比较选择模型，研究者发现只有竞争模型 M5 的路径系数最显著，M5 的 ΔAIC =5.955，即 ΔAIC <10，且 ΔX^2 的卡方检验也显著，因此选择模型 M5，如表 5.5 所示，网购信息价值感知、网购安全保障、网购体验和网购渠道成本构成了网购行为执行意向作用模型的自变量，而个性化推荐、活动评价和经验分享在网购行为中起到了中介作用。因此，本章利用这七个变量构建了网购行为执行意向的影响因素作用模型。

表 5.5　　网购行为执行意向影响因素模型竞争分析

检验模型	X^2	df	ΔX^2	AIC	ΔAIC	路径
MODE1（M1）	32.216	12	—	87.331	—	**
MODE1（M2）	67.102	14	34.886	109.415	22.084	***
MODE2（M3）	61.221	14	29.005	104.173	16.842	***
MODE3（M4）	71.522	15	39.306	115.261	27.93	***
MODE4（M5）	39.427	13	7.211	93.286	5.955	***

注：* p<0.05，** p<0.01，*** p<0.001。

如表 5.6 所示，模型路径分析结果表明，网购活动评价、个性化推荐、网购安全保障、经验分享、网购信息价值感知、网购体验和渠道成本对网购行为执行意向的路径都显著，这些变量构成了网购行为执行意向的七大影响因素。

表 5.6　　网购行为执行意向的作用路径系数分析

路径名称			Estimate	S. E.	C. R.	P
活动评价	←	网购体验	0.546	0.108	5.072	***
个性化推荐	←	活动评价	0.316	0.034	9.296	***
经验分享	←	安全保障	0.216	0.045	4.805	***
执行意向	←	个性化推荐	1.266	0.129	9.814	***
执行意向	←	活动评价	1.019	0.066	15.447	***
执行意向	←	经验分享	1.041	0.12	8.708	***
执行意向	←	信息价值	1.327	0.107	12.457	***
执行意向	←	网购体验	1.595	0.095	16.815	***
执行意向	←	渠道成本	1.061	0.093	11.392	***

① Burnham K，Anderson D. Model selection and multimodel inference：a practical information – theoretic approach［M］. Springer，2002.

5.4 本章小结

本章通过实证分析和数据挖掘，得出如下结论：（1）网购行为执行意向由七个不同维度构成，分别为活动评价、安全保障、网购体验、经验分享、信息价值、渠道成本、个性化推荐，这对于移动互联网背景下电商平台统合营销、网购行为预测和个性化营销方案的制定起到指导作用；（2）个性化推荐，活动评价和网购经验分享是网购行为执行意向的重要中介变量，在社会化媒体营销中应通过人际网络强化其桥梁作用，使这些中介变量能真正成为驱动网购行为的结构洞，连接更多的网购群体及社团，设计精准化智能推荐系统、网购客户细分标准。

在大数据和移动互联网时代，将会有越来越多的网购行为数据，传统的市场营销理论很难解释复杂的网购行为，而未来网购行为执行意向理论将建立在大数据综合网购搜索行为指数、地理位置服务模式、O2O商务模式和移动商务模式基础之上，这将大大提升网购营销效率与效果。未来无论网购平台如何整合，传统企业必将利用互联网思维拓展其业务范围，社会化媒体营销将是企业营销策略的有力工具，网购行为执行意向理论将对这些实践起到关键的指导作用。

第6章

网购情景线索的类型及其对执行意向的影响

【本章导读】网购情景线索是呈现在网购者面前的一些刺激场景，面对超负荷的海量网购信息时，网购者将会利用网购情景提取有用线索实施网购行动。第5章中具体讨论了网购行为执行意向的结构探究，本章结合行为执行意向理论和情景线索理论，通过分析网购者的购后评论信息，探索网购情景线索类型、特征及其作用机制。研究发现：（1）网购情景线索由让利价值、客户资产、客户价值、知觉感知、情感体验、质量标准、安全线索、时空信息、支付信息、细节展示度、服务驱动、认同线索和依赖线索13个主范畴构成；（2）进一步挖掘主范畴关系结构，发现网购情景线索的五个主要类型，即价值感知线索、知觉情景线索、质量安全线索、信息驱动线索和认同依赖线索，并分析得出网购情景线索的作用模型；（3）通过语义网络分析法对网购情景线索的类型及其作用机制进行了初步验证。最终，本章提出未来研究展望，为精准化推荐系统设计、个性化网购营销策略制定及网购行为执行意向的应用型研究奠定理论基础。

6.1 研究目的

理性行为和计划行为理论曾占据了行为科学领域中的主导地位，然而这些理论很难预测复杂的网购行为①。因为通过网购平台不断积累起来的海量评论信息中隐藏的复杂网购行为问题具有从众化、动态化、碎片化、网络化的演化特征，

① Prestwich A, Kellar I. How Can the Impact of Implementation Intentions as a Behaviour Change Intervention be Improved [J]. European Review of Applied Psychology, 2014, 64 (1): 35-41.

传统行为理论很难直接预测网购者的购买行为，例如，网购者下单前通常阅读大量网购评论信息并加以对比分析，是否有过网购欺诈、质量保证、强制购买、包邮、赠品、支付、物流配送、功能缺失、图文信息差异等问题，然后根据这些情景线索进一步判断哪些商品或商家会成为优选目标。

然而，网购者很难从海量网购信息中准确匹配情景线索和驱动购买决策的目标信息，因为这些海量网购评论信息呈现非结构化的无序状态，这通常加大了网购者对网购情景线索的加工难度，造成行为目标导向反应的失调，从而延迟或改变其网购行为。另外，电商虽然有海量网购评论信息，但缺乏对网购者情景线索与行为目标导向反应理论的应用开发，使很多营销策略没有真正被网购者所认可。因此，如何把握网购者的情景线索类型及其作用机制将影响到对网购行为的分类预测，这是行为科学及营销科学领域所关注的热点问题之一。对此，学术界开始聚焦行为执行意向的研究，该理论在行为预测方面显示出诸多优势，它是一种行为临界状态，能够帮助人们将意向转化为实际行为①。

执行意向主要包含选择特定的情景线索、选择合适的目标导向反应，即通过“如果”和“那么”假设形式而建立起认知成分联结②。执行意向将情景线索连接到一个具体目标导向反应时，这种行为被自动激活，使个体的具体行动计划与情景线索相匹配，促进了其行动的意向③。因此，本章基于行为执行意向理论探索网购情景线索的类型、特征及其作用机制，为进一步探索网购行为目标导向反应与网购情景线索匹配效应奠定基础，这样有助于揭示网购行为执行意向的科学规律，也为精准化推荐系统设计、社会化媒体营销策略提供理论支撑。

6.2 研究设计

6.2.1 数据采集

根据执行意向的概念可知，情景线索是行为目标导向反应的“催化剂”，不

① Burkard C, Rochat L, Linden M V D. Enhancing Inhibition: How Impulsivity and Emotional Activation Interact with Different Implementation Intentions [J]. Acta Psychologica, 2013, 144 (2): 291 -297.

② Gallo I S, Pfau F, Gollwitzer P M. Furnishing Hypnotic Instructions with Implementation Intentions Enhances Hypnotic Responsiveness [J]. Consciousness and Cognition, 2012, 21 (2): 1023 -1030.

③ Fennis B M, Adriaanse M A, Stroebe W, Pol B. Bridging the Intention - behavior Gap: Inducing Implementation Intentions through Persuasive Appeals [J]. Journal of Consumer Psychology, 2011, 3 (1): 302 -311.

同的情景线索会导致不同的网购行为。因此，网购情景线索的分类及特征的研究将有助于揭开网购行为的诸多规律。通常，问卷调查在市场营销研究中运用比较普遍。然而，利用该方法对网购情景线索进行的研究比较鲜见，同时由于问卷调查法采用自我报告方式，结论有较强的主观性。进一步研究获知，获取网购者对网购商品或服务感知的真实数据十分关键，这有助于挖掘网购情景线索的类型及作用机制。在这样的情况下，采集这种海量、客观的网购评论才能科学准确地揭示网购情景线索及其作用机制的规律。事实表明，很多网购者已经养成了购买前参考评价信息，购买后进行评价打分和评论的习惯，日积月累使网购评论信息变得十分丰富，这是实现本章研究目标的最佳途径。网上评论具有匿名化、自愿性、网络记忆性、情绪传染性、描述细致性、体验真实性等特征，因此网上评论已经成为国内外学者获取数据来源的成熟渠道。例如，有学者利用网络评论来分析产品伤害事件中顾客反应的形成机制①，探索消费者对企业家前台化行为动机的感知②，分析来源国效应的构成维度③。因此，本章通过借鉴前人的方法，在我国网购平台上搜集大量的网购评论信息，为系统研究网购情景线索类型及作用机制奠定坚实基础。

6.2.2 研究方法

本章运用扎根理论研究方法，对网购者在电商平台上的网购评价信息进行深入分析和挖掘，探索影响网购情景线索类型的相关因素，提炼出网购情景线索类型及作用机制等研究结论。扎根理论方法是在经验资料的基础上自下而上建构实质理论的一种实证研究方法，是对以往自上而下实证研究方法的一个很好的补充。扎根理论必须要满足四个标准：适用于真实的（社会）世界；适用于广泛的场景；与研究对象息息相关；可以随时被修改调整的④。

如图6.1所示，本章的研究是基于扎根理论的标准与流程而展开的。

---

① 汪兴东，景奉杰，涂铭．产品伤害事件中顾客反应的形成机制——基于门户网站帖子的扎根研究［J］．管理评论，2013，25（9）：148－157.

② 黄静，张晓娟，童泽林，王新刚．消费者视角下企业家前台化行为动机的扎根研究［J］．中国软科学，2013（4）：99－107.

③ 汪涛，周玲，周南，牟宇鹏，谢志鹏．来源国形象是如何形成的？——基于美、印消费者评价和合理性理论视角的扎根研究［J］．管理世界，2012（3）：113－126.

④ Randall W S，Mello J E. Grounded Theory：an Inductive Method for Supply Chain Research［J］. International Journal of Physical Distribution & Logistics Management，2012，42（8）：863－880.

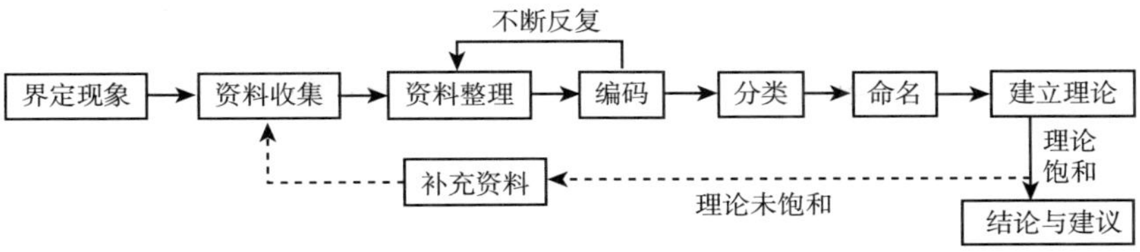

图6.1 扎根理论研究的一般流程

6.2.3 研究工具

利用沈阳教授设计编码的 ROST Content Mining System 内容挖掘软件进行网购评论的内容挖掘分析和词频共现矩阵分析①。

6.3 样本选择

为使本章内容更具规范性、科学性和全面性，我们在数据采集和资料整理的两个关键过程采取以下标准严格控制样本的数量和质量，以获取有效的大量网购评论信息。

（1）在数据采集阶段，设立如下标准：①要求样本来源广泛。淘宝是全国最大的网购平台，销售额占行业 50% 左右，本章以淘宝为信息采集的主要来源，以京东商城、唯品会、凡客诚品等网站为网购评论信息作为补充，以确保网购评论信息尽量包含绝大多数网购评论信息。②确保信息采集的全面性、侧重点，根据淘宝指数、百度搜索指数确定网购交易量最多的是服装类商品，然后采集对应分类下销量靠前的网购商品评论信息。③体现选择样本的代表性，对每类商品评论信息采集时保证随机性抽取，以充分体现商品所属类别的特征。④保证信息搜集的有效性，在搜集过程中不得掺杂个人主观因素和修改原始评论信息。通过以上采集标准共获取 5000 多条网购评论信息。

（2）在资料整理阶段，设立如下标准：①删除重复评论；②删除评论不足 2 个汉字的语句；③删除没有明确意义的评论。通过以上筛选标准，最后得到

① 王林，赵杨，时勘．微博舆论传播的集群行为执行意向规律感知比较实验［J］．现代图书情报技术，2013（5）：73－79.

2000条有效评论语句。

在上述基础上，利用标注工具对2000条网购评论信息进行文本标注，由于有些评论信息进行标注以后内容非常相似，对此删除了重复的标注语句，最终建立了910条标注词表，由此，为以下扎根研究奠定了前期基础。

6.4 研究过程及结果

6.4.1 开放式编码

开放式编码（open coding）用于对原始网购评论信息进行概念化的一个过程。具体说来，研究者编码时对网购评论句子给予概念化标签，用概念和范畴来正确反映资料内容，并把抽象出来的概念“打散”“揉碎”以及重新整合、聚类的过程①。编码时，如表6.1所示，我们对网购评论信息资料逐字逐句分析并进行开放式编码，对每个范畴抽取了若干原始语句进行编码。限于篇幅，表6.1只保留了代表性的部分语句，形成了38个范畴，这样就完成了开放式编码范畴化，为下一步主轴编码奠定了研究基础。

表6.1　网购情景线索开放式编码及统计（n=910条标注词）

ID	范畴	标注（条）	百分比(%)	典型原始资料语句（初始概念）
No. 1	图文描述比较	59	6.45	宝贝和图片一样；颜色与图片上的反差太大……
No. 2	满意线索	57	6.23	这次购物很满意，满分；一次很不爽的网购……
No. 3	质量情景	51	5.57	质量和实体店里的一样；一看就是便宜货……
No. 4	知觉体验	47	5.14	有点像丝光棉，滑滑的；整体感觉不错……

① Teruel A G, García M F A. Grounded Theory for Generating Theory in the Study of Behavior [J]. Library and Information Science Research, 2012, 34 (1): 31-36.

续表

ID	范畴	标注（条）	百分比(%)	典型原始资料语句（初始概念）
No. 5	商品属性感知	47	5. 14	号码偏小；料子太差了；版型很正；领型好……
No. 6	服务态度感知	44	4. 81	卖家服务态度好，非常有耐心；态度太恶劣了……
No. 7	美学体验	42	4. 59	样子非常漂亮；款式不错，很洋气的；时尚……
No. 8	色彩感知	40	4. 37	颜色很正；色差很大，根本不是乳白色的……
No. 9	比较体验	36	3. 94	和正规店的一模一样；感觉实物没有照片好看……
No. 10	细节展示	35	3. 83	实体店拍摄；生产线展示；使用视频展示……
No. 11	情感表达	34	3. 72	和我想象中的一样，大爱；失望透了……
No. 12	评价线索	33	3. 61	很想差评；看了一些买家的评价，有点担心……
No. 13	缺陷线索	32	3. 50	味道挺大的，不值；设计有问题；有点瑕疵……
No. 14	物流状态	31	3. 39	物流很快；最后一站竟然拖了 3 天多才投递……
No. 15	惊喜体验	29	3. 17	第一瞬间，很惊喜；谢谢卖家的小礼物，超好……
No. 16	价钱线索	29	3. 17	价钱合理；只是价格有点贵；即将涨价……
No. 17	实惠线索	28	3. 06	新年优惠；包邮；价格很实惠；整体不划算……

续表

ID	范畴	标注（条）	百分比(%)	典型原始资料语句（初始概念）
No. 18	忠诚意向	27	2.95	很好，第二次买了；谢谢卖家，下次还会光顾……
No. 19	性价比线索	21	2.30	性价比还是蛮高；绝对不值这个价钱……
No. 20	关系线索	19	2.08	给老爸买的，大小正好；妈妈很喜欢……
No. 21	风险感知	18	1.97	运费险的赔偿都失效了；没这么坑爹的……
No. 22	推荐价值	17	1.86	店家服务很好，推荐大家购买；夏天潮人必备……
No. 23	时间线索	17	1.86	昨天买的，今天就收到宝贝了；限时抢购……
No. 24	交易价值	14	1.53	总之宝贝超好、超值；成交记录……
No. 25	包装感知	13	1.42	很显品味，包装精美；包装不好……
No. 26	售后服务	12	1.31	卖家立马说无条件换货；想退都退不了……
No. 27	享乐体验	11	1.20	很舒服，很休闲；宝贝很好，穿着很舒服哦……
No. 28	服务管理	9	0.99	服务监督；近30天投诉率；服务全程跟进……
No. 29	信任线索	9	0.99	已经在她家买过好多次了；值得信赖……
No. 30	质量保证	8	0.87	检验报告；证书认证标识；全国联保……
No. 31	承诺线索	7	0.77	答应给送两双丝袜，结果一双都没送；正品……

续表

ID	范畴	标注（条）	百分比(%)	典型原始资料语句（初始概念）
No. 32	品牌线索	7	0. 77	天猫原创；第一品牌；活动赞助商……
No. 33	促销线索	6	0. 66	买一送二；新品促销；赔本处理；赠品……
No. 34	视觉感知	6	0. 66	视觉感超强；美轮美奂的触屏；虚拟现实体验……
No. 35	第一印象	4	0. 44	第一眼就喜欢；第一次从这买，简直太合适了……
No. 36	购买意向	4	0. 44	想立即购买；加入购物车；购买数量选择……
No. 37	空间线索	4	0. 44	地图定位；快递包邮到楼下或小区门口……
No. 38	支付方式	3	0. 33	信用卡分期付款；找人代付；支付宝结账……

6.4.2　主轴编码

前面开放式编码的主要任务在于发掘范畴，而主轴编码（axial coding）的主要任务则是更好地发展主范畴的性质和层面①，使范畴更严密。如表 6. 2 所示，根据上述原始语句及文献定义，研究者对范畴进行了科学的定义，并归纳出 13 个主范畴：让利价值、客户资产、客户价值、知觉感知、情感体验、质量标准、安全线索、时空信息、支付信息、细节展示度、服务驱动、认同线索和依赖线索。通过进一步分析，如表 6. 2 所示，我们发现这些主范畴在概念层次上确实存在内在联结。同时，通过主范畴探索出了网购情景线索的五个主要类型：价值感知线索、知觉情景线索、质量安全线索、信息驱动线索、认同依赖线索。

① 徐建中，曲小瑜．基于扎根理论的装备制造企业环境技术创新行为驱动因素的质化研究［J］．管理评论，2014，26（10）：90－101.

表 6.2　　主轴编码形成的主范畴

情景线索类型	主范畴	对应范畴	范畴的含义
价值感知线索	让利价值	价钱线索	网购商品价钱的合理性、降价及涨价信息
		实惠线索	网购商品或服务超出预期的价格信息
		促销线索	通过积分、打折、让利等手段吸引消费者的方法
	客户资产	关系线索	网购商品或服务的受益者与购买者的社会关系线索
		品牌线索	网购品牌意识、知名度、美誉度及品牌资产等的线索
		评价线索	网购之后的评论信息、整体评价及口碑传播线索
	客户价值	性价比线索	网购商品或服务的性能与价格匹配性的比较分析
		推荐价值	通过好友、社交网络等自动或自愿推荐商品信息价值
		交易价值	购买某一网购产品与服务所期望获得的交易利益
知觉情感线索	知觉感知	知觉体验	不同深度知觉、距离知觉、时空知觉等的网购体验
		美学体验	与情感、直觉、欢乐、痛苦等内心活动相关的体验
		比较体验	对不同购物渠道、品种属性、性能描述等的比较行为
		视觉感知	对视觉带来刺激、冲击，并激发兴趣和认知的活动
		第一印象	首次对特定网购品质、服务和态度等的印象与体验
		色彩感知	对网购商品的色差、色彩选择性等的感知与判断
		包装感知	对网购商品的包装方式、外观及精致程度的体验
	情感体验	情感表达	对网购商品、服务和网购过程的强烈瞬间情感体验
		惊喜体验	意外服务、礼物等超出网购用户心理预期的积极情感
		享乐体验	以休闲、时尚、快乐、享受等为目标的网购活动
质量安全线索	质量标准	质量情景	网购商品或服务的质量环境、工艺水平等情景
		质量保证	网购商品的质量保证书、技术专利、质量管理体系等
	安全线索	缺陷线索	网购商品的瑕疵、功能或设计缺陷、缺损等信息线索
		风险感知	网购活动的欺诈、差评威胁、退换货运费争议等风险
信息驱动线索	时空信息	时间线索	网购预售、发货时间、闪购及节日时点等线索
		空间线索	不同发货、收货地点、地图定位及服务范围信息
		物流状态	网购商品在配送过程中的接触点位置、承运人等信息

续表

情景线索类型	主范畴	对应范畴	范畴的含义
信息驱动线索	支付信息	购买意向	待确认订单、加入购物车及咨询包邮等行为意向
		支付方式	网购者利用支付工具、银行卡、优惠券等的支付方式
	细节展示度	图文描述比较	对商品及服务的细节进行图文比较描述的营销策略
		商品属性感知	网购者对商品功能、参数、配置、工艺、质地等感知
		细节展示	对商品、服务、加工生产过程、环境、效果等的展示
	服务驱动	服务态度感知	网购者对卖方沟通效果、服务态度等的情绪体验
		售后服务	购后保修、退换货、使用咨询、确认产品信息等服务
		服务管理	满足和完善业务协议，并提升服务质量的管理活动
认同依赖线索	认同线索	满意线索	对商品或服务的认同、抱怨、投诉等满意度综合评价
		忠诚意向	重复购买、拒绝其他商家诱惑、捍卫钟爱品牌等行为
	依赖线索	信任线索	从认知、情感到行为层面对商家及业务的信任过程
		承诺线索	承诺人同意对方的意思，形成承诺条件、方式及效力

进一步文献研究发现：（1）值得信赖的保证内容、适度的承诺和利用便利性等在提升网购者服务价值感知方面起到明显的作用①，这与本章研究得到的实惠线索、关系线索、品牌线索、评价线索、推荐价值线索等助推网购者的购物价值感知具有一定的相似性，但本章研究得到的主范畴更加贴近移动购物等情景的价值感知线索，其对识别和细分客户有实践价值。（2）认知体验和情感体验显著正向影响消费者的购买意向，其中情感型信任、享乐、惊喜、美学体验、娱乐、自由等情感因素显著正向影响消费者的情感体验②。同时，影响顾客满意感的购物便利性体验、购物环境体验等经历是决定顾客满意程度的重要因素③。这说明网购者的知觉情感线索是网购行为的重要驱动力。（3）网络购物的安全性

① 金立印．服务保证对顾客满意预期及行为倾向的影响——风险感知与价值感知的媒介效应［J］．管理世界，2007（8）：104－115.

② 沈伟．网络购物体验影响因素的实证研究［D］．东华大学，2014.

③ 张均涛，李春成，李崇光．消费经历对顾客满意感影响程度研究——基于武汉市生鲜农产品的实证研究［J］．管理评论，2008，20（7）：21－27.

和产品质量保证是影响网络客户满意度最为重要的因素①，这说明网购者的质量安全线索对于提高客户满意度起到了基础性作用。（4）当网购商品信息、网购流程、网购服务、支付安全与网购者心理预期越不相符时，通常会造成大量的在线购物车放弃行为②。这说明服务驱动、细节展示度、时空信息、支付信息等信息驱动线索越清晰，网购平台与网购者的心理距离将越近，越能促进网购支付等决策行为，反之将出现弃购行为。（5）信任倾向、制度信任、信任信念三者共同影响网购者的信任行为③，其行为通过影响客户满意度来间接地影响客户忠诚度④，这进一步验证了认同依赖线索与忠诚意向、信任线索等范畴存在相互影响关系。

6.4.3 选择性编码

（1）网购情景线索典型关系结构。

在主轴编码阶段，伴随主范畴化的深入研究，范畴与范畴之间的关系会逐渐显现出来⑤。选择性编码（selective coding）则是进一步分析核心范畴与主范畴及其他范畴的联结，从而系统地处理范畴与范畴之间的关联⑥，并以“故事线”的形式描绘网购者在网上完成购物的情景线索。这里的“故事线”是主范畴的典型关系结构，它不仅包含范畴之间的关系，而且包含各种脉络条件，完成“故事线”后也就发展出新的实质理论构架。如表6.3所示，通过文本数据挖掘其主范畴进而揭示了网购情景线索各类型之间的关系，这对于进一步探索情景线索对行为目标导向反应的作用机制及营销策略的制定具有十分重要的作用。

---

① 查金祥，王立生 网络购物顾客满意度影响因素的实证研究［J］. 管理科学，2006，19（1）：50－58.

② 云小凤. 消费者在线购物车放弃行为影响因素的实证研究［J］. 图书情报工作，2011，55（2）：139－142.

③ 管益杰，陶慧杰，王洲兰，宋艳. 网络购物中的信［J］. 心理科学进展，2011，19（8）：1205－1213.

④ 邓爱民，陶宝，马莹莹. 网络购物顾客忠诚度影响因素的实证研究［J］. 中国管理科学，2014，22（6）：94－102.

⑤ 王建明，贺爱忠. 消费者低碳消费行为的心理归因和政策干预路径：一个基于扎根理论的探索性研究［J］. 南开管理评论，2011，14（4）：80－89.

⑥ 徐建中，曲小瑜. 基于扎根理论的装备制造企业环境技术创新行为驱动因素的质化研究［J］. 管理评论，2014，26（10）：90－101.

表 6.3　　主范畴的典型关系结构

典型关系结构	关系结构的内涵	网购用户代表性语句（提炼出的典型结构）
价值感知线索→知觉情感线索	价值感知线索可以改变网购者对商品或服务的情感体验，是促进强化网购情景体验和购买意向的重要线索	XX 上买的宝贝比 YY 上的好，大品牌就是不一样，手感很舒服，感觉很值这个钱。 （价值感知线索改变网购者的知觉情感）
价值感知线索→质量安全线索	价值感知线索可以提高网购者对商品或服务质量标准的安全认知，是说服网购者提交订单的决定性力量	冲着网上好评多买了这宝贝，但还是感觉做工很粗糙，现在担心质量问题啊。 （价值感知提高网购者的质量安全认知）
价值感知线索→认同依赖线索	价值感知线索可以决定网购者对商品或服务的认同与依赖程度，是赢得客户终身价值的重要目标	没想到质量比 100 元钱的衣服还要好，以后还会继续光顾的。 （价值感知决定网购者的认同依赖）
信息驱动线索→知觉情感线索	信息驱动线索可以提高网购者认知水平、知觉和情感体验敏感度，是激发网购者兴趣及比较分析的基础动力	从图片上能看出商家生产工艺很先进，也很负责任，做工太精致了，完全吓到我了。 （信息驱动线索提高网购者的知觉情感）
知觉情感线索→认同依赖线索	知觉情感线索可以决定网购者建立更为牢固的情感忠诚和行为忠诚，是形成认同与依赖的前提条件	怎么感觉像人穿过的，感觉好脏的样子，店家也不退货，以后不买他家的衣服了。 （知觉情感线索决定网购者的认同依赖）
质量安全线索→知觉情感线索	质量安全线索可以促进网购者对商品或服务质量的知觉体验，避免先入为主的知觉错误，是重要的影响因素	衣服质量不错，是全棉的，非常漂亮，很仙哦，像个公主一样。 （质量安全线索促进网购者的知觉情感）
质量安全线索→认同依赖线索	质量安全线索可以调节网购者对商品或服务的满意程度，是形成网购者认同与依赖的保障	宝贝味道挺大的，感觉不是正品，非常失望，先放几天味，还不行就追加差评了！ （质量安全线索调节网购者的认同依赖）

（2）网购情景感知的形成机制。

基于以上典型关系结构，我们确定了“网购情景线索的作用路径”这一核心范畴。以此为基础，如图 6.2 所示，本章建构和发展出一个全新的网购情景线索作用模型的理论构架。从该理论构架可以得出，价值感知线索和信息驱动线索是影响在线客户对商品或服务认同与依赖的前因变量，知觉情感和质量安全线索是影响认同与依赖的中介变量。通过对研究资料的内容分析也发现，在现实的网购过程中人们比较关注价格和商品细节，一旦这些情景线索激发了顾客的欣喜情感体验①，就会促进网购者赋予产品某种情感氛围，产生首因效应和享乐型消费动力，进而会出现对产品质量较高的评价，这种情景线索效应会正向影响到网购者的认同感和依赖感。

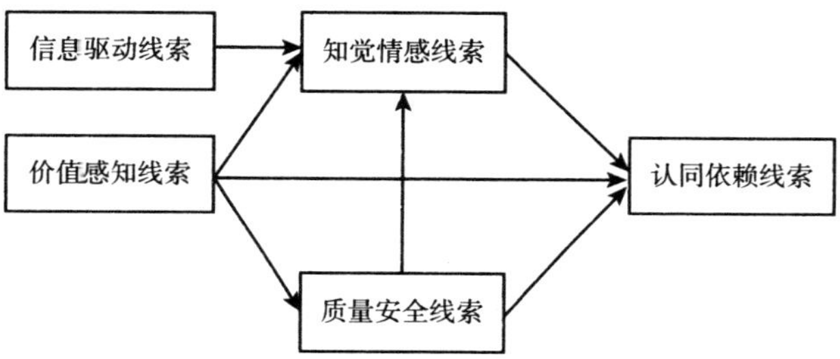

图 6.2　网购情景线索的作用机制

6.4.4　网购情景线索的语义网络分析

（1）分词及词频分析。

通过扎根研究初步确立了网购情景线索作用模型，为了进一步分析网购评论信息中的语义网络规律，本章对全部 2000 条有效网购评论信息进行了分词，然后进行词频统计，发现了一些词频分布规律。第一，如表 6.4 所示，“衣服”“质量”“卖家”“颜色”“服务”“物流”“好看”“态度”“舒服”“满意”“发货”“好评”“漂亮”“图片”等提及数在 200 次以上，说明网购者非常关注图片等购买物品的属性信息、质量安全线索、色彩等知觉情感线索、满意等认同依赖线索；第二，网购者经常提及社会网络关系，如“老公”“同事”“朋友”“老板”等关系线索，说明网购者的购物行为还受到与自己关系比较亲密的人际

① 张跃先，马钦海，孙朝阳．顾客欣喜研究回顾与展望［J］．管理评论，2013，25（1）：63－72.

网络影响。另外，网购者经常提及的“价钱”“效果”“值得”“性价比”“超值”等词频以不同的方式表达同样的价值感知线索。综合词频统计结果，可以看出网购者的网购情景线索基本符合上述扎根研究的结论，这对实证研究奠定了前期基础。

表 6.4　网购评论信息高频词及提及数统计

高频词	提及数	高频词	提及数	高频词	提及数	高频词	提及数
衣服	849	老公	83	总体	43	划算	26
质量	632	朋友	80	夏天	40	完全	26
卖家	368	裙子	72	购物	39	回来	25
颜色	318	五分	70	性价比	38	透气	25
服务	286	裤子	66	物有所值	38	一致	24
物流	257	价钱	66	刚刚	37	掉色	24
好看	250	修身	63	购买	35	超级	24
态度	244	衣衣	60	店主	35	礼物	23
舒服	239	老板	60	凉快	35	买家	23
满意	233	刚好	58	超值	35	一号	23
发货	224	光顾	58	到货	34	雪纺	22
好评	224	效果	57	真心	34	蓝色	22
漂亮	224	包装	56	整体	33	评价	22
图片	208	值得	56	正品	33	绝对	21
款式	199	布料	55	袖子	31	大一	21
穿着	191	尺码	55	这次	31	不怎么	20
很快	180	同事	53	样子	30	第一次	20
速度	167	手感	53	一分	29	平时	20
面料	166	上身	51	满分	29	物美价廉	20
合适	157	建议	50	差不多	29	上去	20
做工	153	想象	50	周到	28	不值	20

续表

高频词	提及数	高频词	提及数	高频词	提及数	高频词	提及数
合身	148	小礼	49	实物	28	领子	19
收到	148	正好	47	失望	28	帅气	19
快递	132	白色	47	舒适	28	一码	19
色差	127	稍微	46	试穿	27	尺寸	19
宝贝	125	问题	46	热情	27	网上	19
店家	125	便宜	45	耐心	27	不好意思	19
大小	116	线头	45	宽松	27	精致	19
料子	115	也好	45	扣子	27	麻烦	19
下次	113	适合	44	样式	27	无色	18

（2）关键词共现分析。

利用ROST文本数据挖掘软件设置分析文档只取300个高频词，构建网络和共词矩阵时均只取200个高频词，在此基础上构建了关键词共现矩阵。然后，将其导入Ucinet中，生成高频关键词共现网络。根据关键词之间关系的紧密程度，通过Netdraw可视化软件导出网购语义网络。如图6.3所示，虽然网购评论达2000条，但通过构建共现矩阵后形成的网络图比较简洁。网购者看似复杂的网购情景基本可以通过情景线索作用模型加以解释的，例如，从图6.3可知，一些关键词的网络中心度比较大，各种网购情景线索之间关系很紧密，而且网购者最关注的情景线索基本包含价值感知线索（“衣服”“卖家”）、信息驱动线索（“款式”“态度”“服务”）、质量安全线索（“质量”“发货”）、知觉情感线索（“舒服”“颜色”“好看”）和认同依赖线索（“满意”“好评”）。从图6.3还可以看到情景线索的作用路径，如“态度”“质量”“卖家”“舒服”“好评”等具有高的入度，说明网购者非常在意价值感知、知觉情感和质量安全线索，而“物流”“颜色”“速度”等具有高的出度，说明商家的信息驱动线索将影响网购者对其商品或服务的评价，“款式”“色差”“漂亮”等线索具有高的中间中心度，起到了中介作用，说明网购者的知觉情感及认同线索在网购行为中起到了桥梁作用。

因此，初步探索表明，本章构建的网购情景线索类型及其作用模型符合网购实际情境，具有较好的解释力。

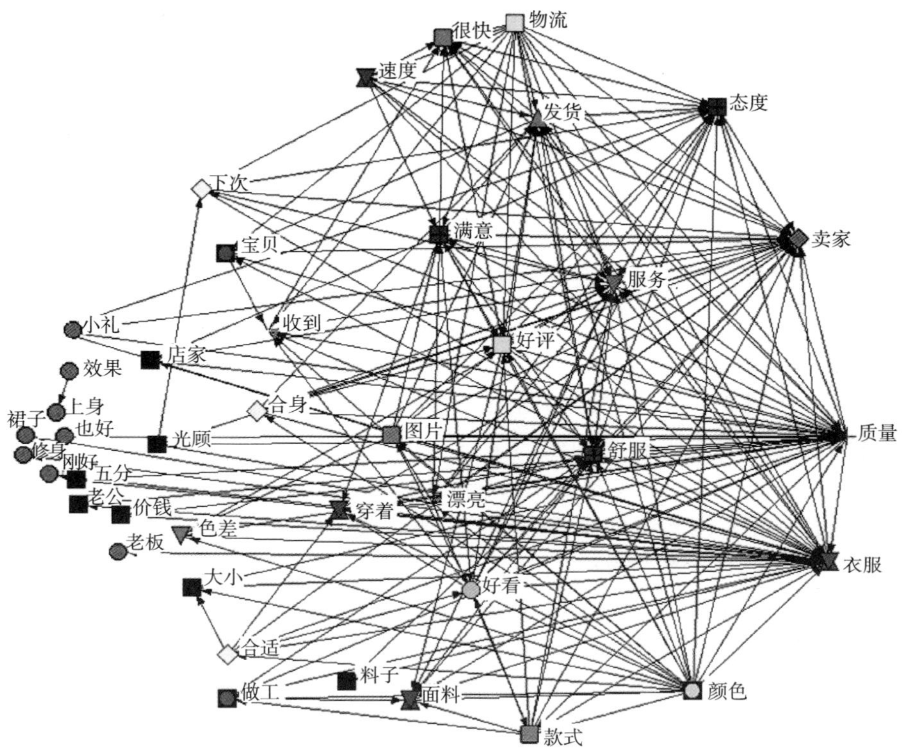

图 6.3　网购高频词共现网络图谱

6.4.5　理论饱和度检验

通常，在质性研究中信度是用于评估其质量的一个重要衡量标准①。同时，效度也是用来评估质性研究质量的一个衡量标准，即能否反映网购情景线索等。常用原始资料检验法、反馈法、专家评价法等来检验模型和研究结果的有效性②。

（1）原始资料检验法。对模型中的概念和关系返回加以审查："概念"必须

① 吴继霞，黄希庭．诚信结构初探［J］．心理学报，2012，44（3）：354－368.

② Trafimow D. Considering Quantitative and Qualitative Issues Together［J］. Qualitative Research in Psychology，2014，11（1）：15－24.

是来源于原始资料[①]。如“满意”“破洞”“色差”“差评”“退货”“描述”“漂亮”“尺寸”“做工”“价钱”“态度”“值得”“喜欢”“掉色”“5个星”“服务好”“第一哏”“物美价廉”……均来自网购者的原始网购评论信息。笔者通过数据采集获得了大量网购评论信息，故有足够的网购评论语料库的支持，并经过不断的反复归纳范畴及关系结构，最终确定了编码手册，这就有效地保证了从网购用户的原始语料中探索网购情景线索类型及其作用机制的可靠性。

（2）专家评价法。本章在先后接受三位市场营销及电子商务领域专家的反馈意见后，又多次回到原始资料，检验、修改自己的编码和进一步的研究结论，确实产生了很好的效果。

（3）信度评估法。主要运用归类一致性指数，即评分者之间对相同网购评论信息的内容分析编码归类相同的个数占编码总个数的百分比：$CA = 2 \times T1 \cap T2 / T1 \cup T2$[②]。其中，T1代表编码者1的编码个数；T2代表编码者2的编码个数。研究者首先对网购情景线索进行了编码，与课题研究小组成员4人反复回到2000条原始网购评论数据库进行讨论、修改并达成一致意见后形成了研究者编码手册。除了研究者本人，我们还邀请曾经做过质性研究的2名研究生（非研究小组成员，已有编码的经验），在研究者的编码手册的基础上，分别对网购评论信息中100%（2000条）、25%（500条）的信息进行编码[③]。本章的研究中T11、T21分别为研究者本人、1号研究生对2000条网购评论信息各自的编码总数；T12、T22分别为研究者本人、2号研究生对500条网购评论信息各自的编码总数。即：T11 = 910，T21 = 880，CA1 = 0.98；T12 = 915，T22 = 812，CA2 = 0.94。说明本章对文本内容的归类一致性可接受。

总之，采用原始资料检验法、专家评价法，其模型和研究结果具有较好的一致性，说明有较好的效度；采用信度评估，一致性也较好。因此，本章的研究是有效、可信和可靠的。

---

①② 王桢，苏景宽，罗正学，时勘．临床医学学科带头人胜任特征模型建构——量化与质化结合的方法［J］．管理评论，2011，23（5）：70－77.

③ 严进，付琛，郑玫．组织中上下级值得信任的行为研究［J］．管理评论，2011，23（2）：99－106.

6.5 本章小结

本章基于行为执行意向理论和情景线索理论，运用扎根理论法和社会网络分析法综合得出如下初步结论：第一，网购情景线索由 13 个主范畴构成，分别是让利价值、客户资产、客户价值、知觉感知、情感体验、质量标准、安全线索、时空信息、支付信息、细节展示度、服务驱动、认同线索和依赖线索。由此，这些主范畴对于改进网购平台的营销策略、增强客户服务、满足网购情感需求等方面将起到优化和指导作用。例如，从当前网购中存在的问题可以看出，电商之间为了争夺客户而采取的价格战、口碑战等手段未能长期赢得客户，因为网购者除了关注性价比之外，更加关注虚拟购物环境中的情感体验，网购过程的每一个接触点都会影响到其购买情绪。另外，在网购者搜索目标商品时细节展示度对客户转移成本影响比较大，那些通过展示完整生产加工过程、厂房环境、商品质地、质量保证、退换货承诺、快捷送货服务、安全支付方式、360 度全方位功能等的知觉与感知体验将牢牢吸引网购者，从而唤起其欣喜、愉悦的情感体验①，并将提高其对目标商品的关注度和兴趣，对商家的认同感随之提升，同时也增强了重复购买和推荐购买的意愿，反之将使客户转移到别的商家。第二，进一步挖掘主范畴关系结构，发现网购情景线索的五个主要类型，即价值感知线索、知觉情景线索、质量安全线索、信息驱动线索和认同依赖线索，并分析得出网购情景线索的作用模型。这一研究发现与以往实证研究结果相比更加关注影响网购者的宏观和微观情景因素，已细化到以顾客为中心的情景线索效应，突破了以往从宏观信息生态环境、商品类型等视角研究网购者的购买意愿②③，本章得出的网购情景线索主要类型及其主范畴等研究成果为优化网络营销策略、改善客户关系管理系统、建设智慧型网购平台与智能推荐系统提供了一定的理论指导与参考价值。第三，通过语义网络分析法对网购情景线索的类型及其作用机制进行了初步验证。

① 张跃先，马钦海，孙朝阳．顾客欣喜研究回顾与展望［J］．管理评论，2013，25（1）：63－72.

② 王晰巍，郭宇，杨梦晴，张文晓．信息生态环境对网络团购影响的实证研究［J］．情报科学，2014，32（5）：140－146.

③ 章璇，景奉杰．网购商品的类型对在线冲动性购买行为的影响［J］．管理科学，2012，25（3）：69－77.

近年来管理学科积极引荐利用社会网络分析法探索交叉学科和前沿科学问题①，本章正是运用该方法对网购情景线索进行了初步探索，利用语义网络分析对网购情景线索之间的关系强度和相互影响的方向进行了可视化的探索，初步验证了上述扎根理论法得出的研究成果。

尽管本章也尝试了信效度评估且效果较好，但质性研究的最大不足就是它的外部效度，本章的研究也不例外。由于缺乏验证，关于网购情景线索类型及其作用机制等结论是否具有普遍性问题有待在更多网购平台、更多品类的网购活动中持续验证，还需进一步研究。尽管如此，本章初步探讨得到的五种网购情景线索类型及其作用机制的理论，对于网络营销策略制定和电子商务优化具有很好的理论和现实意义。今后，将进一步以编制网购情景线索作用机制量表、编写计算机仿真程序等方式继续探索网购情景线索其他类型及其动态演化规律，并拟将所得结果来验证此次扎根理论初步探索结论的适切性问题。

① 黎耀奇，谢礼珊 社会网络分析在组织管理研究中的应用与展望［J］. 管理学报，2013，10（1）：146－154.

第7章

图文描述情景线索对网购行为意向的影响研究

【本章导读】 第6章阐述了网购情景线索的类型及其对执行意向的影响，本章探讨了图文描述情景线索对于网购行为意向的影响。本章选取淘宝网和天猫网上图例作为研究对象，结果发现，在众多电子商务商品页面中的图文描述中的情景线索中，通过开放式编码和范畴提取，得到15个最重要的情景线索，其中限时、限量、绿色、黄色、质量为消费者购物时较为看重的情景线索。最后，本章对所得结果进行讨论并指出未来的研究方向。

随着电子商务行业迅速发展，网络购物深受广大消费者喜爱，网购行为预测成为电子商务网站生存发展的热点课题。研究发现，评价电子商务网站的一个很重要的因素是其拥有的消费者的数量，事实上，仅靠维系消费者数量的营销策略难以持续，网站页面的图文描述具有强大的吸引力，这是影响消费者行为很重要的因素之一，很多商家对此重视不够。因此，本章开展电子商务网站中图文描述的情景线索研究对于理解网购行为意向等具有重要的理论和实践意义。

7.1 理论基础

（1）计划行为理论。计划行为理论认为意识是行为的最接近的促使因素，即意识导致行为，并且一个人对考虑中的行为的坚持程度（即有意识的行为控制）直接或间接地在意识方面对行为产生了影响①。

① John A, John L C, Crispin C et al. How well can the theory of planned behavior account for occupationalintentions? [J]. Journal of Vocational Behavior, 2006, 69 (3): 374 – 390.

（2）行为意向理论。行为意向理论大致是说态度、主观准则与感知行为控制这三个因素预测了意向，然后意向导致了行为①。它是个体尝试完成任务意愿的程度。因此，行为意向理论深受众多行为科学家的支持，并且被认为是最被广大民众认可的实用型理论②。

（3）情景线索理论。情景线索是指呈现在人们面前的一些特定的刺激场景③。情景线索理论解释了可视化信息如何诱导人们的行为。情景线索是非常重要的，因为它具体化了视觉环境中的重要因素，换句话说，稳定的空间位置信息，客观个体的相互影响信息，以及在多变的生活中人们的习惯规律④。

（4）执行意向理论。执行意向是指个体以行动目标为导向，通过连接情景线索和目标导向反应，建立行为意向和实际行为之间联系的中介变量⑤。执行意向是指提前计划好具体的时间、地点及如何完成目标行为，有研究已经证明，这类行为比仅提高客观的目标意向有更高的目标实现率⑥。最重要的是，执行意向的作用是由特定线索的可得到性和线索引起反应的强度这两者调节的。如图 7.1 所示，情景线索和网购行为自动匹配后作用于行为执行意向，而执行意向直接作用于实际网购行为。

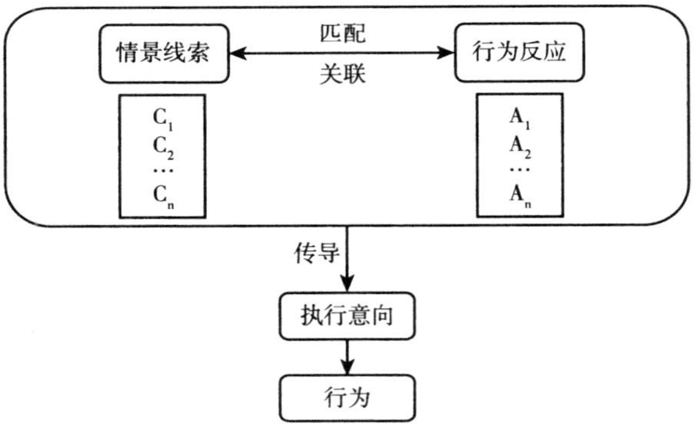

图 7.1　执行意向理论图解

① Ajzen I. Nature and operation of attitudes [J]. Annual Review of Psychology, 2001, 52 (1): 27 – 58.

② Greve W. Traps and gaps in action explanation: Theoretical problems of a psychology of human action [J]. Psychological Review, 2001, 108 (2): 435 – 451.

③ 赵光．情景线索效应加工机制的探讨 [D]．西南大学，2013.

④ Chun. Contextual cueing of visual attention [J]. Trends in Cognitive Sciences, 2000, 4 (5): 170 – 178.

⑤ 王林，曲如杰，赵杨．行为执行意向的理论观点及其意向研究 [J]．心理科学，2014，37 (4): 875 – 879.

⑥ Rise J, Thompson M, Verplanken B. Measuring implementation intentions in the context of the theory of planned behavior [J]. Scandinavian Journal of Psychology, 2003, 44 (2): 95 – 97.

7.2 研究方法

7.2.1 样本选取与数据采集

本章的样本来源于淘宝网和天猫网中对消费者具有很大吸引力的图例，为避免样本数据采集过程中的无效规则及重复抓取，我们主要采取了如下方法，以确保网购行为数据的完整性、连续性和科学性：第一，选取电子商务排行榜中排名前两名的网站，即淘宝网和天猫网；第二，根据亿邦动力网、淘宝数据监测工具数据魔方的资料，选定女装、男装、女鞋、男鞋和箱包皮具这五个品类做研究。

7.2.2 理论抽样

本章将研究者从网上搜集的170张图片，包含50张女装图、30张男装图、30张女鞋图、30张男鞋图和30张箱包皮具图，进行信息编码。每张图片都是一种商品，且是电子商务网站中最吸引人的，都包含图文描述情景线索，以供后期图文编码做基础。

7.2.3 研究方法

开放式编码及数据分析。本章通过信息编码，如表7.1所示，从170张图片中，确定19个图文描述情景线索中的范畴及其含义。根据19个因素的出现频率排名，将蓝色、黑色、白色、细节展示四个靠后的范畴剔除，确定价格、红色、模特秀、包邮、特征等15个范畴作为本章问卷的研究对象。

表7.1 图文描述情景线索开放式编码及统计（n=170张图片）

ID	范畴	图片（张）	百分比(%)	范畴的含义
No. 1	价格	172	0.86	商品优惠价格，如“五折”
No. 2	红色	139	0.7	整张图片最强调的色彩。将粉红、紫红都归为红色系列，橙色、金色都归为黄色系列
No. 3	黄色	73	0.37	

续表

ID	范畴	图片（张）	百分比(%)	范畴的含义
No. 4	蓝色	6	0. 03	整张图片最强调的色彩。将粉红、紫红都归为红色系列，橙色、金色都归为黄色系列
No. 5	绿色	12	0. 06	
No. 6	黑色	2	0. 01	
No. 7	白色	2	0. 01	
No. 8	质量	58	0. 29	商品材料的质量，如纯棉、抗皱
No. 9	包邮	110	0. 55	商品包邮信息，常为“包邮”两字
No. 10	赠品	39	0. 2	购买商品能获得的赠品信息，如“买即赠后脚跟贴”
No. 11	承诺	38	0. 19	店家对消费者的承诺，如正品保证、退货保证、当天发货保证
No. 12	特征	80	0. 4	商品的特征，如“超显瘦”“收腰效果一级棒”“两色可选”
No. 13	模特秀	119	0. 6	商品模特秀
No. 14	细节展示	1	0. 01	商品的细节部分，如衣服的拉链、扣子展示
No. 15	限时抢购	39	0. 2	指商品限时特价、限时包邮及限时送赠品等，如“全场包邮，最后一天”
No. 16	限量抢购	9	0. 05	指商品的限量购买，如“数量有限”“限量500件”
No. 17	特色服务	32	0. 16	指保修、七天无理由退货、免费试穿、好评返现等活动
No. 18	数据营销	29	0. 15	表明商品销量或评论量数量非常多
No. 19	促销活动气氛	46	0. 23	节日促销及活动促销气氛，如秒杀、“双十一”特价，及“卖疯了”等字句

7.3 研究结果

7.3.1　描述性统计分析

基于15个图文描述情景线索指标，研究者根据五点量表设计出图文描述情景线索对网购行为意向的影响研究调查问卷，共回收271份有效答卷，使用SPSS 20.0和SPSS Modeler 14.1对问卷结果进行描述性统计分析。结果表明，网络购物消费者中女性比男性人数多，网络购物消费者中女性的每月网络购物频数远高于男性；大部分网络购物消费者购买的商品金额在0～200元之间，且网络购物消费者中生活开支较高的人群购买的商品金额也较高，并且，随着网购金额的增加，高收入的消费者也在减少。

7.3.2　相关分析

表7.2为性别与性格偏向、浏览网站与购买行为关系等相关分析，由表7.2可知，（1）性别与网购产品金额呈负相关关系，即男性往往会愿意购买价格高的商品，而女生往往愿意购买物美价廉的物品；（2）性格偏向和浏览网站与购买行为的关系呈负相关关系，即性格越内向的人在网购过程中下决策时间越长，甚至可能放弃购买，而性格越外向的人，越愿意接受新商品，在网购过程中更容

表7.2　变量相关性统计分析

变　量	1	2	3	4	5	6
1. 性别	—					
2. 性格偏向	0.152*	—				
3. 网购时经常登录的购物网站	0.100	-0.005	—			
4. 通常的网购产品金额	-0.059	0.109	0.043	—		
5. 浏览网站与购买行为的关系	0.200**	-0.057	-0.022	-0.072	—	
6. 网购消费情况	0.003	-0.056	-0.011	-0.093	-0.083	—

注：** 在0.01水平（双侧）上显著相关，* 在0.05水平（双侧）上显著相关。

易下决定；（3）网购产品金额与网购消费情况呈负相关关系，即人们在物品缺失时消费和网站促销消费时，注重商品的性价比，更容易购买价格较低的商品，人们在节日消费和换季消费中，消费的主要是礼品，更容易购买价格较高的商品；（4）浏览网站与购买行为的关系与网购消费情况呈负相关关系，即在物品缺失时消费和网站促销消费中，由于人们购物的执行意向较强且对促销活动非常有兴趣，更容易下购买决策。

7.3.3 聚类分析

对问卷调查的结果进行聚类分析，如表 7.3 所示，由于篇幅有限，省略部分结果展示。分析数据总结出五种聚类：性价比倾向的时尚女性客户群体；便利倾向的气质男性客户群体；性价比倾向的时尚男性客户群体；便利倾向的时尚男性客户群体；便利倾向的气质女性客户群体。这 5 种聚类中网络购物者几乎全都会在网上购买服装，购买产品金额多在 0～200 元之间，平均每月网络购物频数为 1～3 次。

表 7.3　　聚类分析的输出结果

输入	情景线索	聚类一	聚类二	聚类三	聚类四	聚类五
Q1	性别	女（55.56%）	男（50%）	男（68.12%）	男（68.97%）	女（89.39%）
Q2	年龄	21～24 岁（44.44%）	18～21 岁（50%）	21～24 岁（52.17%）	21～24 岁（44.83%）	21～24 岁（42.42%）
Q3	每月生活开支	901～1200 元（37.37%）	1801 元及以上（50%）	901～1200 元（24.64%）	901～1200 元（34.48%）	1801 元及以上（33.33%）
Q7	常用网购网站	C2C（82.83%）	C2C（87.5%）	C2C（85.51%）	C2C（82.76%）	C2C（95.46%）
Q8	近半年网购次数	7 次以上（37.37%）	7 次及以上（75%）	7 次及以上（49.27%）	7 次以上（72.41%）	7 次以上（78.79%）
Q9	平均每月网购频数	1～3 次（61.62%）	1～3 次（62.5%）	1～3 次（37.68%）	1～3 次（55.17%）	1～3 次（39.39%）

在对 15 个线索进行聚类分析后，得出五种类型的消费人群：第一类是易受情景线索影响的人群；第二类是极易受情景线索影响的人群；第三类是对情景线

索的影响感知不确定的人群；第四类是受情景线索影响极小的人群；第五类是明显对不同的情景线索有不同反应的人群。

7.3.4　图文情景线索重要性分析

根据消费者的认知程度对15个情景线索进行分析，由图7.2可知，15个情景线索按重要性排序依次为：限时抢购、限量抢购、绿色、黄色、质量、促销活动气氛、数据营销、特色服务、赠品、红色、承诺、价格、特征、包邮和模特秀。由图7.2得出如下结论：(1) 排名第一的是消费者最重视的限时抢购情景线索，当网络零售商设置商品限时抢购的活动时，在商品页面的图文描述中加入对限时抢购活动的描述，可以刺激大量的顾客进行购买；作为重要性第二的限量抢购情景线索对于消费者来说也是很有吸引力的。(2) 色彩情景线索是一个非常重要的网购情景线索，网络零售商可以在商品的图文描述中多添加绿色、黄色的文字或图片，这样容易引起消费者的注意。(3) 质量情景线索是重要性排行第五的情景线索，如“纯棉”“好质量”“纯牛皮”等商品质量的描述能增强消费者的购买行为意向。

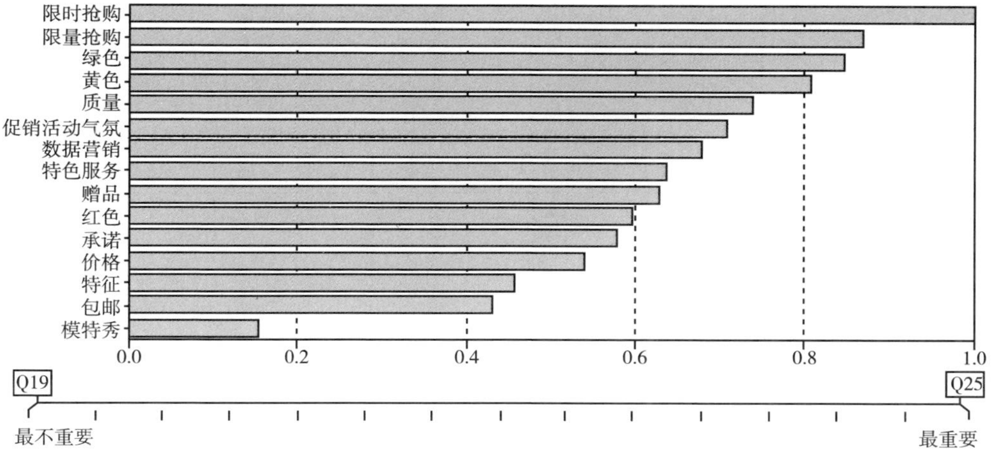

图7.2　15个情景线索的预测变量重要性分析

7.4
本章小结

本章通过数据采集和开放式编码对图文描述情景线索进行提取与归纳分析，

总结了出现频率较高的15个情景线索，丰富了图文描述中情景线索对网购消费者行为意向的影响的研究。

（1）理论意义。

本章的理论意义：首先，通过扎根理论方法，得到15个图文情景线索，分别是价格、红色、模特秀、包邮、特征、黄色、质量、促销活动气氛、限时抢购、赠品、承诺、特色服务、数据营销、绿色和限量抢购；其次，限时抢购是在聚类分析中重要的情景线索；最后，性别因素在聚类分析中贡献最小，即性别几乎不影响客户细分。因此，未来相关研究可以忽略性别变量在情景线索中对客户细分的影响。

（2）局限性及未来研究方向。

本章也存在一定的局限性，具体表现为：首先，在提取图文描述中情景线索范畴的过程中，某些重要的范畴可能没有被提取，可能使得本章的研究不全面；其次，在做图文描述情景线索对网购执行意向影响的实证研究过程中，被试的样本不够多，使得结论可能不能适用于全体人群，部分结论会有所偏差；最后，本章虽然采用K－means聚类分析的方式分析结果，但本身具有局限性，可能会影响分析结果。因此未来有必要采用更科学的方式做进一步精准分析。

第8章

基于网购评论行为反应模式挖掘的执行意向演化规律

【本章导读】在第7章中，就图文描述情景线索对于网购行为意向的影响已被具体讨论，而除了图文描述情景线索对于网购行为意向具有影响之外，网购评论也改变着网购行为意向。网购评论行为是电子口碑传播的一种表现形式，蕴含重要的网购情景线索和目标导向行为反应特征，揭示其反应模式与演化规律，对网络营销、精准化推荐具有重要的理论与实践价值。为此，本章以执行意向理论为基础，利用文本挖掘技术和社会网络分析方法对网购评论行为反应模式进行了初步探索，获得如下研究发现：驱动网购评论行为的因素由大到小的顺序依次为网购体验、感觉与知觉、商品细节、包装品质、时间感知、色彩偏好、空间转移、价值让渡、人际网络、口碑传播、环境感知、情绪反应和决策行为等；网购目标导向体现为实用、享乐、速度、社交、让利、炫耀、情感、忠诚、分享、推荐和认同导向等行为目标，以及在其刺激下表现为愉悦感、恐惧感、情绪起伏、行为忠诚、口碑传播、抱怨、焦虑、紧张等网购行为反应；深入分析网购评论行为反应的六个主要过程及行为成果，为多学科交叉研究提供了一种可借鉴的方法。最后，提出了本章研究的不足与未来研究展望。

8.1 研究目的

网购已经成为一种人们最基本的生活方式，大量网购人群的搜索行为、评论行为、描述方式、转化效率等特征深刻地影响着电商的经营理念，其中网购搜索和评论的力量正改变着在线交易行为的动态演化，网购评论也成为消费者最基本的习惯，评论文本信息成为人们决策的重要参考源，很多网购者经常通过查看网上评论文本来了解产品的品质、功能、属性等信息。同时，网购评论信息的动态变化预示着真实网购行为的产生和演化，它与交易行为密切相关。然而，伴随移动互联网技术和大数据在电商的运用，如移动式购物产生的实时海量评论超过了网购者的认知负荷，评论信息的过载及其质量的参差不齐严重干扰了评论阅读者对商品质量的有效判断，增加了信息搜索成本，降低了网购决策效率[①]。同时，网购评论的海量碎片化、个性化使商家很难快速细分出关键的、有更高价值的用户群体，大幅度改进服务和产品质量以满足客户个性化需求，这已影响到客户忠诚度。因此，挖掘网购评论中蕴含的价值和行为规律成为热点课题，而行为执行意向作为一种行为临界变量在预测实际行为方面优势非常明显，因为它包含特定的情境线索、目标导向行为反应，两者之间的关联匹配性自动连接了重要的认知成分，促进了个体行动的意志。这引起了学术界的重视，加大了行为执行意向在体育运动、救援行动、营养健康、学生成绩等方面的基础应用研究。然而，在大数据背景下，行为执行意向在网购评论行为方面的研究比较稀少。所以本章以执行意向为理论根基，通过文本挖掘和社会网络分析等方法，深入探讨网购评论行为反应模式，以揭示网购情景线索特征与目标导向行为反应之间的关联和作用机理，进一步为网购行为执行意向的动力学演化建模奠定前期基础。

8.2 理论基础

由于网购平台并没有规定在线交易必须进行评论，但仍然有大量网购者不断发布网购评论信息，这引起了很多学者的兴趣，是什么样的动机产生了大量网购评论信息呢？研究发现，产品卷入、自我卷入、信息卷入[②③]、社会交际需要、

① 郝媛媛．在线评论对消费者感知与购买行为影响的实证研究［D］．哈尔滨工业大学，2010.

② Zuhal Cilingir, Cigdem Basfirinci. The Impact of Consumer Ethnocentrism, Product Involvement, and Product Knowledge on Country of Origin Effects: An Empirical Analysis on Turkish Consumers' Product Evaluation [J]. Journal of International Consumer Marketing, 2014, 26 (4): 284 -310.

③ Tali Te'eni - Harar. Clarifying the Relationship between Involvement Variables and Advertising Effectiveness among Young People [J]. Journal of Consumer Policy, 2014, 37 (2): 183 -203.

物质激励、利他主义[①]、利己主义[②]、愉悦感及执行成本是网购者发布网购评论进行网络口碑传播的主要动机[③]。进一步梳理可知，这些动机有些与情景线索有关，如产品和信息卷入的情景线索会帮助他人降低搜寻成本，提高网购决策效率；有些与目标导向的行为反应有关，如为帮助他人了解网购产品的真实细节而发布评论，进而获得成就感和愉悦感，这些发现进一步表明网购评论动机与网购评论行为执行意向有重要联系。然而，在海量网购评论文本数据背后是否还有更多未知的行为规律，目前还处于探索阶段，需要进一步深入研究。

另外，网购评论信息不仅反映网购者的行为动机，也折射出网购者的行为反应，例如，网购评论信息会反映出网购者是否满意、开心、后悔、抱怨等信息，这些信息会进一步影响网购者是否会重复购买、推荐购买等网购行为意向[④]，很多商家也据此间接地预测未来的客户流失和保留状况。然而，随着我国电子商务进入大数据和移动互联网时代，网购评论呈现出几何级数的增长，如在天猫网站上一件秋季外套当月的评论数超过5万条，而在成千上万家店铺中，客户提交的评论数量和速度将是十分惊人的，这些网购评论信息呈现出海量、高速、多样化和多价值的特征[⑤]。由此，靠传统的统计方法对大量非结构化的评论信息进行建模、预测是低效率的、不现实的，需要借助文本数据挖掘等技术探究其中的规律[⑥]。因此，通过文本挖掘获取网购评论的行为特征及心理联系将非常关键[⑦]，因为这些网购评论包含重要的情景线索和目标导向的行为反应，它们是行为执行意向的核心驱动力，有助于进一步预测实际网购行为[⑧]。执行意向理论最早由克拉维兹（Gollwitzer）提出，它又称为“如果—那么”计划[⑨]，其主要包含特定的

① 文建东，李欲晓．市场经济与利他主义、利己主义的界限［J］．中国软科学，2004（2）：44－50.

② Jelena Debeljak，Kristijan Krkac. “Me，myself & I”：practical egoism，selfishness，self－interest and business ethics［J］. Social Responsibility Journal，2008，4（1）：217 － 227.

③ 邵兵家，马蓉，张晓燕，高志欣．消费者在线产品评价参与意向影响因素的实证研究［J］．情报杂志，2010（12）：185－189.

④ 李东进，吴波，李研．远程购物环境下退货对购后后悔影响研究［J］．南开管理评论，2013（5）：77－89.

⑤ 冯芷艳，郭迅华，曾大军，陈煜波，陈国青．大数据背景下商务管理研究若干前沿课题［J］．管理科学学报，2013（1）：1－9.

⑥ 王元卓，靳小龙，程学旗．网络大数据：现状与展望［J］．计算机学报，2013（6）：1125－1138.

⑦ 郝媛媛，叶强，李一军．基于影评数据的在线评论有用性影响因素研究［J］．管理科学学报，2010（8）：78－88.

⑧ Gollwitzer，P. M.，& Sheeran，P. Self－regulation of consumer decision making and behavior：The role of implementation intentions. Journal of Consumer Psychology，2009（19）：593－607.

⑨ Gollwitzer，P. M.，& Sheeran，P. Implementation intentions and goal achievement：A meta－analysis of effects and processes. Advances in experimental social psychology，2006（38）：69－119.

情景线索、合适的目标导向行为反应，其中“如果”成分与情景线索有关，“那么”成分与目标导向的行为反应有关，执行意向将两者关联起来，关联度越强个体付出实际行动的可能性越强，这可能是清晰的目标对行为起到了激励作用。研究发现，情境能够直接引发目标的产生，从而对目标导向的行为产生影响①。当情景线索激活目标表征之后，个体随之自动追求目标，完全不知道目标对自己行为的导向作用，表现出对目标追求的意志力②。由此可推断，网购者在线交易完成之后会无意识地进入一种自发的网购评论等待期，即网购者一般会根据网购经验，在签收完商品之后等待一段时间再做是否发表评论及发表什么内容的决定，这也是网购评论行为执行意向的情景触发阶段，如果此时网购者捕捉到某种有价值的网购情景线索，那么实际上无意识地启动了一种基于某种目标导向的评论行为反应。研究还发现，执行意向主要与行为意向、自我协调、合作性、计划提醒、自觉性、人格等关键变量产生心理联系③。

综上所述，通过数据采集与预处理、文本挖掘、可视化等技术，挖掘网购评论中的情景线索特征有助于揭示网购目标导向的形成规律，从而助推网购评论行为反应向现实网购行为转化，这说明执行意向所包含的这两个认知成分对于现实网购行为感知有一定的应用价值。因此，行为执行意向理论对于网购评论行为反应模式的探索具有重要的理论支撑，该模式也将促进网购场景及个性化推荐策略的优化与升级。这是多学科交叉研究中具有前瞻性的课题，对于揭示网购评论中蕴含的心理机制和行为规律有重要的实践应用价值。

8.3 研究设计

8.3.1 数据采集与预处理

由于网购评论是非结构化的文本，在采集数据方面尽量保证其连续性和完整

① 宋培建，陈文波，曾庆丰，黄丽华．基于目标导向行为视角的信息技术使用习惯形成研究［J］．软科学，2007（4）：9－12.

② 谢继红，刘华山　无意识目标追求的行为特征、机制及影响因素［J］．心理科学进展，2012（12）：2069－2078.

③ 王林，时勘，赵杨．行为执行意向的理论观点及其相关研究［J］．心理科学，2014（7），37（4）：875－879.

性，以保证样本的真实性和代表性，本章主要采取如下措施展开数据采集与预处理工作。

（1）确定网购评论数据源和采集对象。首先，确定网购平台。由于阿里巴巴集团旗下的天猫 B2C 网站具有良好的用户口碑，众多商家云集在此，如“好孩子”、小米手机等品牌企业吸引了众多的消费者，同时网购评论数量和质量相对其他网购平台也有一定的优势，同时天猫网站对商家的管理也是非常严格，从而确定天猫网站作为数据采集的来源。其次，确定采集的类别。由于网站分类十分庞大，需要缩小采集范围。经过淘宝指数分析，2013～2014 年网购交易指数最高的是服装类，该服装类网购评论具有良好的区分效果，评论描述细致，差评和好评自然分布。因此，本章根据天猫网站近期的热点关键词“2014 秋季外套”确定采集对象，这是一个复合关键词，其搜索结果列表显示的商品品类达数百种，如不同颜色外套，适应不同地理气候条件的外套，不同性别的短外套、卫衣、薄毛衣、风衣、夹克、薄羽绒服、西服、运动服等，而且各品类涵盖所有年龄段，如包含婴幼儿、青少年、中年人、老年人等的秋季外套。同时，所有搜索结果均包含时间、价格、款式、颜色、交易量、评论数、人气指数等信息，这使采集多源异构的网购评论文本数据具有广泛的样本保证，从而使其具有较好的代表性。

（2）确定采集方法和存储格式。首先，模拟搜索关键词，获取采集目标列表，确定采集评论的文本结构；其次，选择 Mysql 数据管理系统，创建评论数据库。

（3）编写采集脚本。本章利用“火狐”浏览器软件编写数据采集脚本，该脚本的编写完全模拟一个人从搜索、点击、循环浏览、抓取、翻页到存储的全过程，脚本编写需要“火狐”浏览器协助进行网页元素的审查，并利用 Xpath 获取规则，最终完成采集脚本程序。

（4）调试数据采集脚本程序。该程序因网速、采集规则等问题可能会出现采集入库时文本信息缺失、格式混乱等情况，需要不断修正采集规则和参数设置，直到采集脚本没有问题。

（5）正式采集数据。基本等待采集任务完成，但还需要注意设置合理的参数以控制数据采集速度和入库速度，保证文本数据完整入库。

（6）数据预处理。数据采集完成后导出文本数据，然后利用 ROST CM 软件进行字段抽取、重复文本行处理、基于字段的行处理等数据降噪预处理工作①，确保文本数据挖掘的质量。

① 张雯雯，许鑫．文本挖掘工具述评［J］．图书情报工作，2012（8）：26－31.

8.3.2 样本选择

通过数据采集器锁定关键词，获取采集网址清单，最后共采集到50000条网购评论信息，经过以下步骤确定了要进行研究的样本数据。

（1）样本抽取。首先，去除重复评论信息，删除采集前2天和后2天评论数很少的信息，共得到40000条网购评论有效数据，然后抽取连续20天的网购评论信息，统计显示，平均每天的网购评论数量在2000条左右；其次，由于每天的网购评论数量不是均匀分布，有些时间段网购评论数每天只有1100条左右，而有些时间段的网购评论数每天达3000条左右，为了研究的规范和科学性，本章从样本库中随机抽取每天1000条网购评论信息，共抽取20000条网购评论信息进行研究。

（2）样本的半结构化处理。首先，对20000条文本信息进行结构化处理，如切割ID、用户名、网购评论内容、发布日期，同时须将文本信息的日期格式处理成计算机能识别的标准日期格式。

（3）构建网购评论文本文件，便于文本识别、文本分词及特征提取等。按照采集网购评论信息的日期分别保存网购文本文件，同时建构样本总体文本文件。

8.3.3 研究方法

（1）文本挖掘法。由弗里德曼（Feldman）在1995年正式提出[①]。本章借助文本数据挖掘技术对在线购物评论行为反应模式进行深入探究。

（2）社会网络分析法。社会网络分析一直是学术界的研究热点并在许多领域得到推广应用[②]，特别是在情报学和管理学领域得到创新研究与发展[③]。本章利用Ucinet软件分析在线购物评论的节点、边及网络各项指标，同时利用Netdraw可视化工具进行语义网络分析，进而揭示网购评论行为与心理的演化规律[④]。

---

① Wu He. Examining students' online interaction in a live video streaming environment using data mining and text mining [J]. Computers in Human Behavior, 2013, 29 (1): 90-102.

② 赵丽娟．社会网络分析的基本理论方法及其在情报学中的应用［J］．图书馆学研究，2011（20）：9-12.

③ 黎耀奇，谢礼珊．社会网络分析在组织管理研究中的应用与展望［J］．管理学报，2013（1）：146-154.

④ 马绍奇，焦璨，张敏强．社会网络分析在心理研究中的应用［J］．心理科学进展，2011（5）：755-764.

8.3.4　研究框架

根据上述理论和方法，构建了如图8.1所示的研究框架。

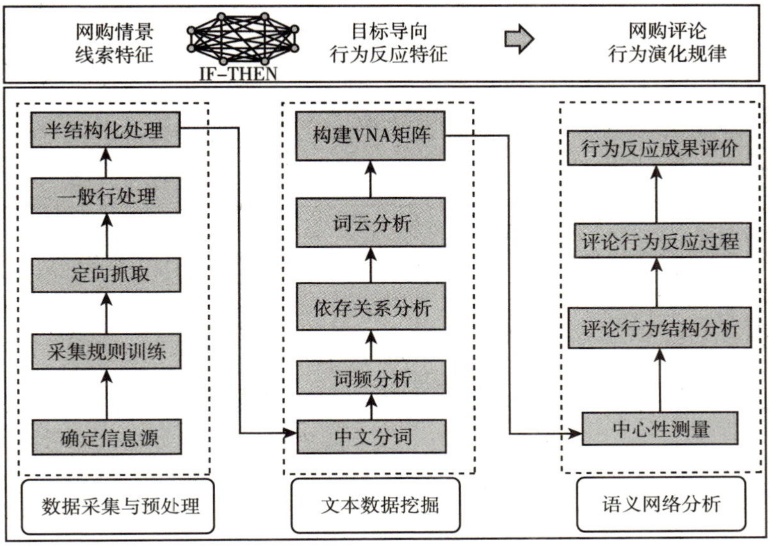

图8.1　本章的研究框架

8.4
结果及可视化分析

8.4.1　网购情景线索与目标导向行为反应特征挖掘

网购评论是非结构化的文本数据，需要将其进行自然语言处理，而中文分词是中文自然语言处理中的一个关键基础技术，它包括信息检索、文本分类、情感分析等多项基础任务①。本章利用LTP（language technology platform，LTP）自然

① 来斯惟，徐立恒，陈玉博，刘康，赵军．基于表示学习的中文分词算法探索［J］．中文信息学报，2013（5）：8－14.

语言处理平台对网购评论文本进行中文分词、依存关系分析[①]，从中揭示网购情景线索特征、目标导向行为反应特征及其两者之间的作用模式。

（1）网购评论的词频分析及情景线索特征挖掘。

第一，通过采集技术得到网购评论数据，进行数据预处理，即经过数据清洗、行特征提取，确定有效的评论文本数据，并转换成文本格式；第二，利用LTP平台进行分词参数设置，选定复句、词性标注、句法分析、语义角色标注，实施分词；第三，将分词结果导出到文本文件中，利用ROST CM内容挖掘系统提取高频词，形成如表8.1所示的高频词统计表。

表8.1　　网购评论中文分词后高频词分布简况

高频词	提及数	高频词	提及数	高频词	提及数	高频词	提及数	高频词	提及数
衣服	2934	发货	281	想象	136	快递	100	一次性	84
质量	1678	卖家	275	便宜	131	送人	100	注意	82
好看	962	物美价廉	271	实惠	130	老板	99	光顾	81
颜色	899	大小	268	真心	130	必须	99	性价比	80
舒服	890	色差	263	店家	126	简直	98	总体	78
漂亮	815	下次	255	上身	125	影响	97	服务	78
满意	735	无色	252	柔软	124	设计	95	面料	64
手感	696	二次	233	不好意思	123	时间	94	合身	62
图片	559	效果	229	评价	122	没得说	94	妹子	61
物流	480	值得	229	口袋	120	不足	93	刚好	60
味道	421	态度	216	整体	115	布料	92	超值	57
购买	409	款式	213	到货	110	保暖	92	填写	57
衣衣	369	试穿	213	五星	106	对得起	91	天气	56
穿着	344	购物	162	适合	106	合体	91	搭配	54
宝贝	341	价钱	161	唯一	105	申通	90	滑滑的	53
收到	337	朋友	158	速度	104	马海毛	90	软软的	50

① 刘挺，车万翔，李正华．语言技术平台［J］．中文信息学报，2011（6）：53－62.

续表

高频词	提及数	高频词	提及数	高频词	提及数	高频词	提及数	高频词	提及数
合适	320	扣子	154	也好	103	拆开	90	妈妈	49
很快	315	五分	146	建议	102	袖子	89	物有所值	48
好评	307	料子	137	包装	101	毛里	87	绿色	48
同事	305	厚实	136	毛毛	101	失望	86	划算	46

如表8.1所示，网购者围绕核心需求—衣服展开评论，关键词对应的词频代表了大部分网购者网购评论行为的动力强度，被大家反复提及的关键词与网购者的消费心理与行为、体验知觉、情绪状态、口碑传播等存在密切的关联性。为此，课题组对分词结果进行了进一步编码，提炼出网购评论的核心特征，如表8.2所示，发现网购评论中包含重要的情景线索特征：第一，网购者最关注的是体验、感觉与知觉，说明群体反复的网购体验信息具有自动营销的功能；第二，网购者对所购商品本身的功能细节等认知和满意度占有重要的决策权重；第三，包装品质、时间感知、色彩偏好、空间转移、价值让渡、人际网络、口碑传播、环境感知、情绪反应和决策行为等网购情景线索特征也是重要的网购行为驱动因素。

表8.2　　网购情景线索特征统计分析

情景线索	体验知觉	商品细节	满意状态	包装品质	时间感知	色彩偏好	空间转移	价值让渡	人际网络	口碑传播	环境感知	情绪反应	决策行为
高频词代表	合适 大小 想象 柔软 整体 注意 搭配 软软	衣服 款式 扣子 厚实 口袋 布料 袖子 面料	满意 好评 二次 态度 建议 不足 超值	外观 包装 破损 精致 高端	很快 下次 唯一 速度 时间	色差 无色 搭配 绿色 鲜艳 灰色	物流 收到 发货 到货 快递 签收	物美 价廉 值得 便宜 实惠 性价 比划 算	同事 卖家 朋友 送人 老板 妹子 妈妈	好评 五分 评价 五星 也好 没得 说	保暖 光顾 天气 污染	简直 真心 不好 意思 失望	购买 试穿 购物 必须 一次 性填 写
频次	9278	5170	3514	2200	1690	1516	1327	1325	1273	1215	1119	1074	1024

资料来源：课题组根据中文分词结果进行编码、提炼、整理而来。

博格和斯维兹（Berger and Schwartz）指出商品本身的属性会对口碑产生影响①；李和勇（Lee and Youn）认为在线口碑显著影响消费者的购买意愿以及推荐意愿②；高斯和（Ghose and Ipeirotis）基于在线评论数据实证研究表明，在线评论更加显著地影响消费者购买决策③。因此，虽然用户关注度与网购驱动因素不是同一概念，但是用户关注度通过口碑传播、心理过程、环境感知等交互作用驱动了网购者的决策行为。进一步研究表明，网购评论背后的网购体验知觉、商品属性的价值感知、社交距离、时间与空间线索、口碑传播、情绪反应及心理距离等因素是推动网购决策行为的核心关键④⑤，是影响网购行为的重要驱动力。

通过相关文献研究发现，人类行为时空特性的挖掘具有较高的商业应用价值⑥。在网购评论行为中，“时间感知”和“空间转移”等情景线索会进一步触发网购者的兴趣或欲望的自适应变化，例如，所购商品远远超过预期的速度从遥远的地方快速送达手中时，往往会激发其满意情绪，此后由于兴趣的持续，用户体验知觉和品牌联想会不断增强，这将触发其口碑传播动力，这种自适应变化的兴趣驱动了用户的网购行为⑦。另外，通过情绪反应的时间动力性相关理论研究，发现情绪反应在不同的时间过程中具有峰值、持续性、变化速度等动力性特点⑧。由此，验证了本章提出的“情绪反应”特征对网购行为具有驱动作用，例如，快递的速度“很快”等时间感知线索通常会使网购者的积极情绪被激发，由于愉悦情绪氛围的持续蔓延，这种网购情绪反应会持续较长时间，在这期间网购者往往感觉网购很划算，进而产生重复购买、向朋友圈推荐等积极行为，这种网购行为助推了网购活动的自动化营销策略实施。因此，通过文献对比分析可

---

① Berger, J. & S. E. What Drives Immediate and Ongoing Word of Mouth? Journal of Marketing Research, 2011. 48 (5): 869 – 880.

② Lee M, Youn S. Electronic word of mouth (eWOM) How eWOM platforms influence consumer product judgement [J]. International Journal of Advertising, 2009, 28 (3): 473 – 499.

③ Ghose A, Ipeirotis P G. Estimating the helpfulness and economic impact of product reviews: Mining text and reviewer characteristics [J]. Knowledge and Data Engineering, IEEE Transactions on, 2011, 23 (10): 1498 – 1512.

④ 王丽荣. 心理距离对网购决策的影响研究 [D]. 中国农业大学, 2014.

⑤ 刘红艳，李爱梅，王海忠，卫海英. 不同促销方式对产品购买决策的影响——基于解释水平理论视角的研究 [J]. 心理学报, 2012 (8): 1100 – 1113.

⑥ 周涛，韩筱璞，闫小勇，杨紫陌，赵志丹，汪秉宏. 人类行为时空特性的统计力学 [J]. 电子科技大学学报, 2013 (4): 481 – 540.

⑦ HAN Xiao – pu, ZHOU Tao, WANG Bing – hong. Modeling human dynamics with adaptive interest [J]. New J Phys, 2008, 10 (7): 073010.

⑧ 李改，方平，姜媛. 情绪反应时间动力性的研究现状与展望 [J]. 心理科学进展, 2008 (2): 290 – 294.

知，本章提出的网购情景线索特征是驱动网购行为的重要因素，具有较好的开发与应用价值。

（2）网购评论的依存关系分析及目标导向行为反应模式挖掘。

基于图的依存分析方法由麦德那得（McDonald）首先提出，他将依存分析问题归结为在一个有向图中寻找最大生成树（maximum spanning tree）的问题①，它通过分析语言单位内成分之间的依存关系揭示其句法结构。如图8.2所示，本章利用LTP平台对网购评论的句法结构进行了剖析，以挖掘网购者在不同目标导向时的行为反应模式。

如图8.2所示，在LTP平台的依存语法分析中共有14种汉语语法关系，能比较准确地区分出网购评论的描述语义。首先，采用pairwise方法，将训练样本分为四类：核心依存、中间依存、边缘依存和没有依存关系，训练生成4个二值分类器，对没有依存关系的网购评论词句在程序中进行了处理，减小了训练成本；其次，使用确定性Nivres算法，根据网购评论语料大小不同进行四组实验，从训练时间、依存关系正确率、根正确率、整句正确率、解析时间五个方面进行比较；最后，实验结果如表8.3所示。

如表8.3所示，当网购评论的语料规模增加到5000句以后依存关系的正确率随之增加，并呈现稳定的状态，但是，随着训练样本的增加训练时间明显变长，需要在精度和时间之间做好平衡。因此，通过分析网购评论语料的核心依存、中间依存和边缘依存关系，初步形成了网购评论的依存关系。由于网购评论文本语句太多，难以在本章将依存关系图一一展开，同时限于篇幅限制，不再详述提炼的每一步结果。后期经过课题组大量的整理归纳，总结得出网购评论的三大依存关系：核心依存、中间依存和边缘依存关系，主要发现：第一，核心依存关系主要与享受、体验、满意高度相关，如网购评论中手感体验输出商品品质判断、网购情绪状态和品牌印象等，这是决定是否持续吸引网购人群购买的情景线索，属于高目标导向的依存关系，这与表8.3的研究结果基本一致；第二，中间依存关系主要与商品细节描述、配送效率、色彩、包装及让利程度等高度相关，这是在达成高目标导向后网购者行为自动进入中等目标导向的持续相依反应；第三，边缘依存关系主要与网购者的网络人际需求、口碑传播、情感交流和环境感知等高度相关，网购者可能在满足核心目标和中等目标后进而产生自我表露、精神追求及炫耀需求等目标导向的行为反应。

---

① 和为，刘挺．基于分析和生成的复述与SMT语料扩展［J］．哈尔滨工业大学学报，2013（5）：45－50.

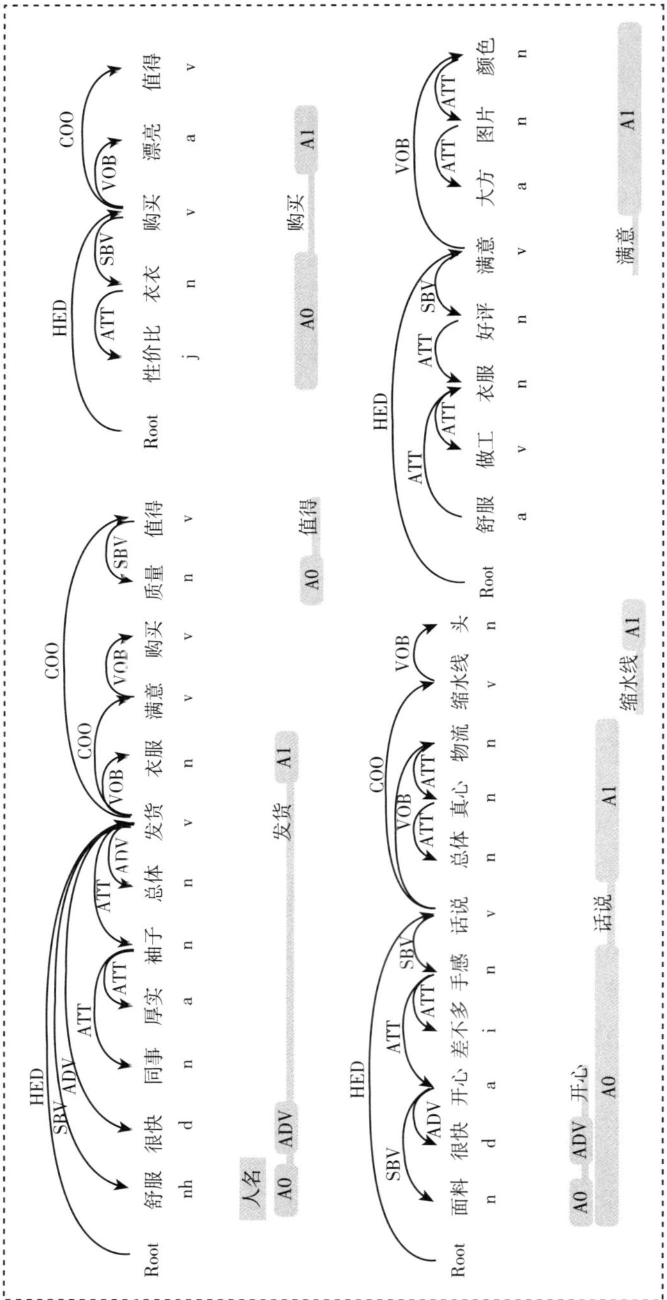

图 8.2 网购评论部分依存关系分析示意图

表 8.3　网购评论依存关系实验统计结果

网购评论语料	训练时间（s）	依存关系正确率（%）	根正确率（%）	整句正确率（%）	解析时间（s/句）
500 句	10376	78.21	30.02	28.89	0.77
1000 句	25392	89.17	34.88	31.57	1.45
3000 句	48732	92.46	40.26	36.62	1.93
5000 句	73581	93.85	42.06	39.18	2.15

总之，本章对网购评论的依存关系分析不仅关注句法依存分析，而且特别注重其语义依存分析，两者的联合分析才是解决问题的根本方法。研究发现，语义依存分析的层次要高于句法依存分析，但是却很少有研究者关注句法信息对语义依存分析的帮助作用①。本章从句法和语义层面对网购评论语料进行了依存关系分析，这对下一步探索网购评论行为的语义特征及演化规律奠定了基础。

8.4.2　基于"词云"的网购评论行为语义特征分析

"词云"（word clouds）又称"文字云"，词云的广泛应用彰显了非结构化数据可视化的实际需求②③，它是对文本中出现频率较高的"关键词"予以视觉上的突出，形成"关键词云层"或"关键词渲染"，从而过滤掉大量的文本信息得到许多相关的技术知识、应用等关键信息，使人快速领略文本的主旨④。如图 8.3 所示，本章借助在线词云软件 Tagxedo 制作了网购评论的"词云"。

如图 8.3 所示，网购评论在未分词前的"词云"以整句评论呈现，高频语句放大显示，但从这样的评论语句中无法理解网购者的态度、偏好等细节情况，而分词后的"词云"明显呈现了关键词、重要程度，用灵活的形状展示了网购评论行为的细节。

---

① 张梅山．中文词法句法语义联合分析模型研究［D］．哈尔滨工业大学，2014．

② Concetta A. DePaolo，Kelly Wilkinson. Get Your Head into the Clouds：Using Word Clouds for Analyzing Qualitative Assessment Data［J］．TechTrends，2014，58（3）：38－44．

③ 唐家渝，孙茂松．新媒体中的词云：内容简明表达的一种可视化形式［J］．中国传媒科技，2013（11）：18－19．

④ 颜清华，徐腾飞．探索改变，触摸未来——《纽约时报》经济类信息图表报道带来的启示［J］．新闻界，2013（12）：45－50．

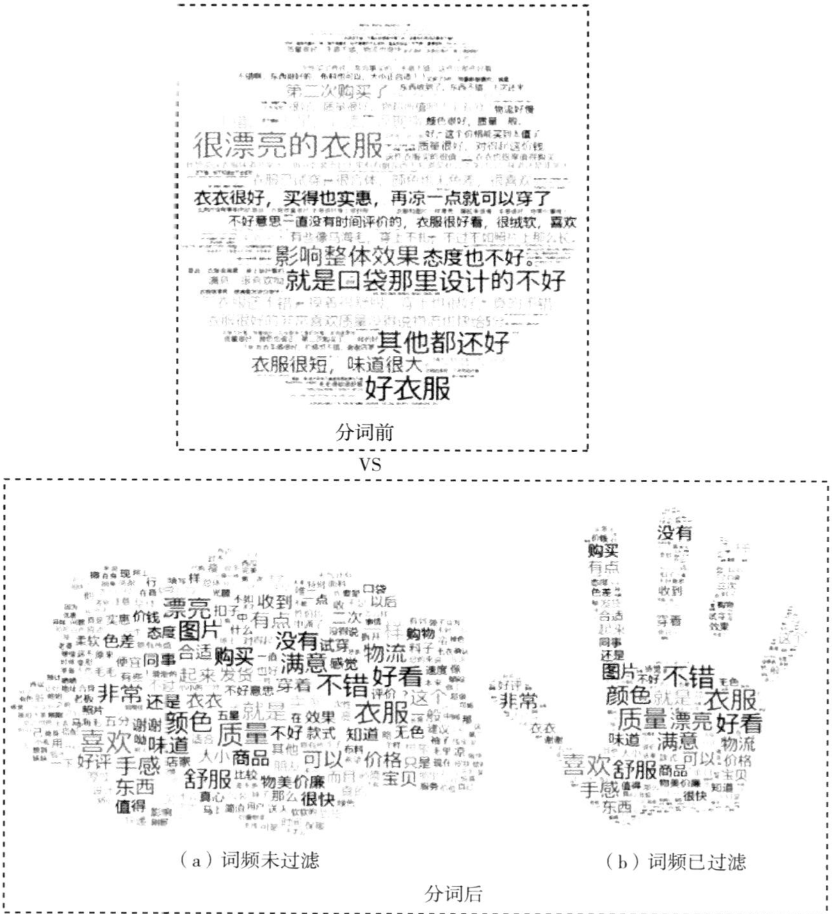

图 8.3　网购评论分词前后可视化“词云”对比图

如图 8.3 所示，分词后是否已过滤非重要词频十分关键，如图 8.3 中（a）是词频未过滤的“词云”，显示了很多词频，但出现了一些没有重要意义的单字、标点符号等，这影响了进一步提炼网购评论行为的关键驱动要素，不过图 8.3 中（b）是已经过滤了词频后的“词云”，比较清晰地刻画了网购评论行为的驱动要素。研究发现，与网购评论行为密切相关的关键词依次是“衣服”“质量”“颜色”“体验”“满意”“物流配送”“图片”“情感”“价格”等，这说明驱动网购评论行为的主要因素包括物质需求、品质保证、色彩感知、美学体验、行为忠诚、情感交流、客户让利、配送流畅性及描述一致性等，这与前面的研究是基本一致的。

总之，通过上述词频特征分析、依存关系分析和“词云”分析可以看出，基于执行意向的网购情景线索特征及目标导向的行为反应特征在驱动网购评论行为方面作用明显；研究还发现，实用型、享乐型、炫耀性、情感性、忠诚性、分享性、推荐性等网购行为目标导向，以及在其刺激下的网购行为反应特征，如出现愉悦感（如“开心”）、恐惧感（如不敢“差评”、违心“好评”）、情绪起伏（如“尖叫”“失望”等）、行为忠诚（如重复购买）、口碑传播、抱怨、焦虑、紧张等网购评论行为反应。因此，通过对网购评论的文本挖掘进一步揭示了重要的网购行为内在关联特征和作用模式，这对个性化推荐系统的优化、交叉销售及客户保持策略等实践应用具有较好的指导作用。

8.4.3　基于语义网络的网购评论行为演化规律

（1）网购评论词频网络中心性测量及网络结构分析。

通过文本数据挖掘，基本上掌握了网购评论的目标导向的类别和初步的行为反应特征，这为进一步探究网购评论行为的演化规律奠定了基础。本章利用 ROST CM 软件构建了网购词频 VNA 矩阵，然后将其导入 Ucinet 社会网络分析软件，从而对该词频网络的中心性进行测量，其结果如图 8.4 所示。

		1 绝对中心度 （Degree）	2 相对中心度 （NrmDegree）	3 共享 （Share）
41	衣服	32.000	69.565	0.088
40	颜色	18.000	39.130	0.050
34	图片	18.000	39.130	0.050
20	满意	17.000	36.957	0.047
30	舒服	15.000	32.609	0.041
38	物美价廉	15.000	32.609	0.041
39	效果	14.000	30.435	0.039
10	购物	14.000	30.435	0.039
11	好看	12.000	26.087	0.033
19	卖家	12.000	26.087	0.033
47	质量	12.000	26.087	0.033
22	漂亮	12.000	26.087	0.033
35	唯一	11.000	23.913	0.030
32	态度	11.000	23.913	0.030
24	上身	11.000	23.913	0.030
29	手感	10.000	21.739	0.028

网络集中度（Network Centralization）=55.17%
异质性（Heterogeneity）=3.42%.归一化（Normalized）=1.32%

图 8.4　网购评论词频网络的中心度测量结果

从图 8.4 可知，网购评论的网络中心度为 55.17%，说明网络的连接强度较好，网购评论描述关键词彼此容易连通，形成复杂网络。同时发现“衣服”“颜色”“图片”“满意”“舒服”“物美价廉”等词的中心度最大，说明网购评论形成的网络结构的中心就是这些高频词，其代表了网购的目标导向，即实用导向（“衣服”“口袋”等）、知觉体验导向（“颜色”“满意”“漂亮”等）、让利导向（“物美价廉”“便宜”等）、享乐导向（“舒服”“超美”等）、社交导向（“妈妈”“同事”等）、情感交流导向（“送人”“真心”等），这些目标导向基本与前面文本挖掘的研究结果一致。

在此基础上，本章需进一步探索网购评论行为的基本结构，以检验文本挖掘的结果。如图 8.5 所示，利用 Netdraw 软件对网购评论数据进行可视化挖掘。

如图 8.5 所示，首先，网购评论的中心活动是“衣服”，它是整个网络的中心，大家发表评论的核心目标是以它为中心逐步展开对价格、细节、配送、包装等环节的描述，与之连接最紧密的是“图片”“颜色”“满意”“舒服”“上身”“卖家”，表明网购评论的描述中实用导向、体验导向、知觉导向、社交导向是核心需求；其次，以这六个核心节点为源，逐步形成小世界网络，其包含忠诚导向、速度导向、推荐导向、炫耀导向、认同导向、分享导向的网购评论网络，属于中等需求；最后，一些评论边缘节点虽然只有 2 个左右的关系，但这些节点却连通了所有的小网络。由此，验证了文本挖掘的研究结果，还发现网购评论的网络呈现三度层次结构，揭示了网购评论描述的结构特征和目标导向的行为反应特征。

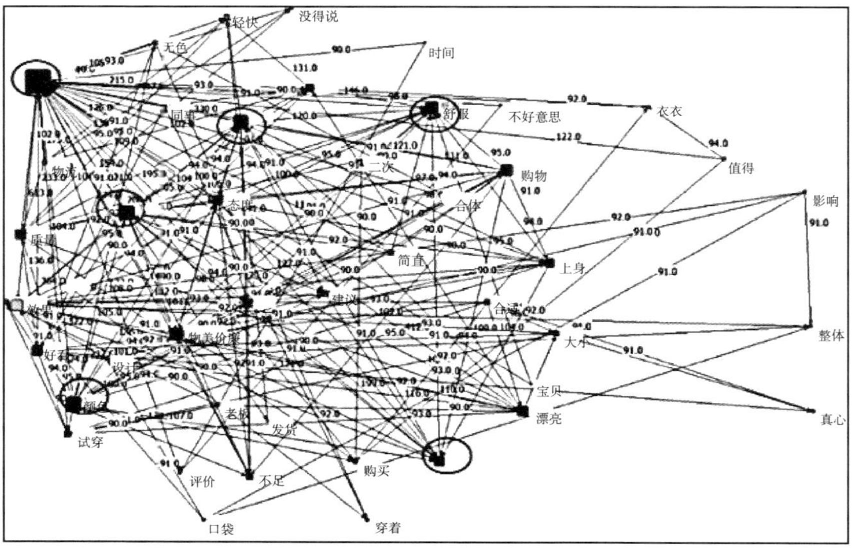

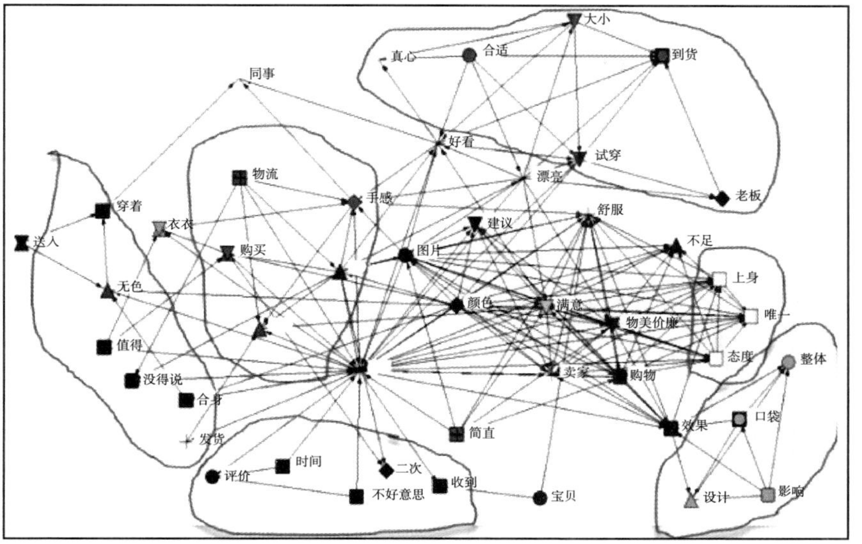

图 8.5　网购评论行为词频网络结构图

（2）网购评论行为反应演化过程及评价。

上述研究基本理清了驱动网购评论的行为目标导向和行为反应特征，如图 8.6 所示，本章最后利用 Ucinet 的聚类分析对网购评论行为反应的过程进行一番梳理，并简要进行评价每个阶段取得的成果。

如图 8.6 所示，本章以聚类分析的结果为基础，对网购评论行为反应过程及成果评价做如下的梳理：第一阶段，网购者出现以基本需求为导向的紧张、期待行为反应，这主要通过关注品质保证、知觉体验、图片细节展示与描述一致性、群体满意度等线索使网购者紧张的行为反应得到缓解；第二阶段，网购者上升到以享乐目标为导向的愉悦感体验行为反应；第三阶段，网购者进入以成本为导向的策略组合行为反应，主要从配送速度、让利水平、卖家态度等方面进行组合设计性价比最优的决策，可能会出现焦虑、两难的情绪反应；第四阶段，网购者进入以谈判策略运用为目标导向的行为决策反应，可能会出现紧张、不安的情绪特征，但一般通过买卖双方彼此交换条件、达成共识后可消减这种行为反应；第五阶段，网购者进入以炫耀为目标导向的交易过程，可能会出现自豪感、成就感、愉悦感的行为反应；第六阶段，网购者进入购后评价阶段，一般会伴随真实体验而出现恐惧感、愉悦感，甚至悲喜交加的行为反应。

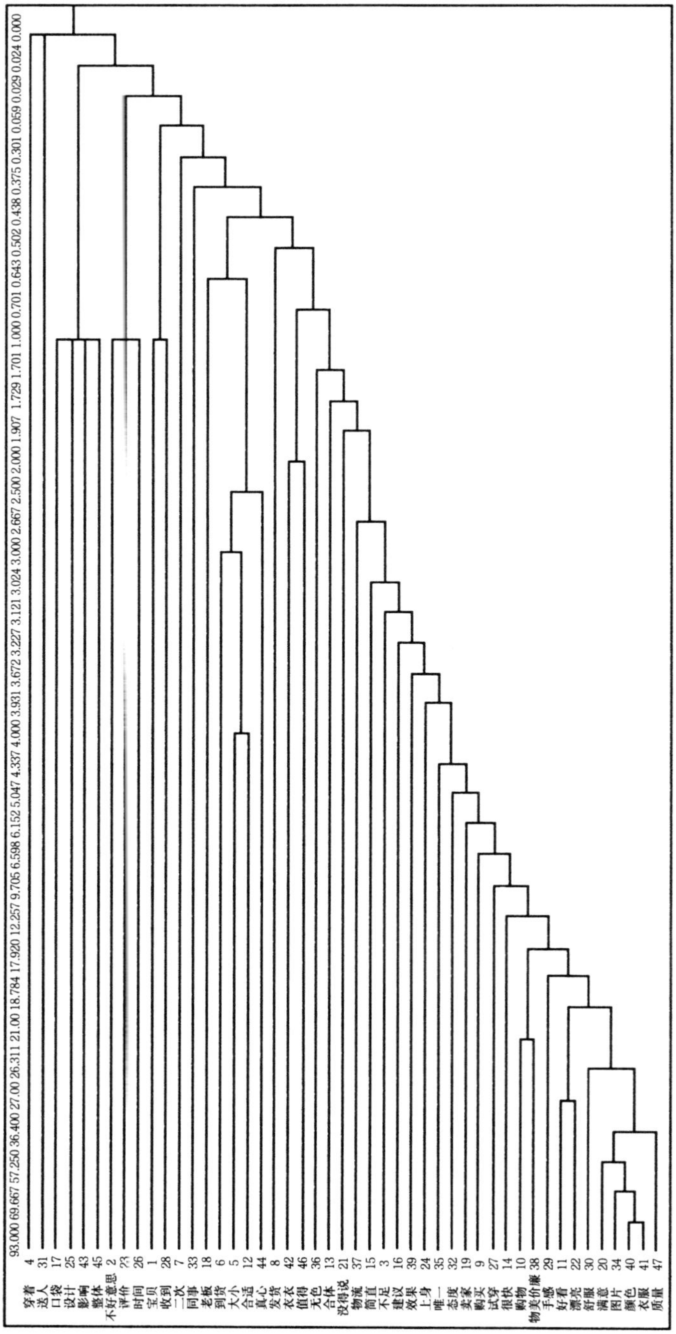

图 8.6 评论网络的聚类分析结果

在这六个网购行为反应阶段，都有不同的行为成果出现，如第一阶段的行为反应促使网购者快速学习，明确需求；第二阶段的积极情绪营造良好的网购情景，强化网购信心；第三阶段的成本优化行为反应促使网购者理性思考，比较分析并确定最佳网购方案；第四阶段的紧张行为反应启动优势谈判策略，获得最佳网购产品和服务质量；第五阶段的行为反应让网购者营造最佳的等待情景、回溯网购记忆，奠定分享基础；第六阶段的行为反应使网购者用现实体验评价网购决策效果和效率，积累网购经历，为下次忠诚行为打好基础。

8.5 本章小结

本章尝试利用文本挖掘技术和社会网络分析方法对网购评论行为反应模式进行初步探索，获得了如下结论。

（1）驱动网购评论行为的因素由大到小的顺序依次为网购体验、感觉与知觉、商品细节、包装品质、时间感知、色彩偏好、空间转移、价值让渡、人际网络、口碑传播、环境感知、情绪反应和决策行为等。

（2）发现网购评论的三大依存关系为核心依存、中间依存和边缘依存关系。

（3）基本网购体现为实用、享乐、速度、社交、让利、炫耀、情感、忠诚、分享、推荐和认同等目标导向行为，以及在其刺激下表现为愉悦感、恐惧感、情绪起伏、行为忠诚、口碑传播、抱怨、焦虑、紧张等网购行为反应。

（4）网购评论行为反应呈现六个主要过程及相应转化成果。

总之，本章以执行意向理论为基础，利用文本挖掘和可视化技术对网购行为反应模式进行了初步探索，获得了一些重要成果，这对于推动行为科学与多学科交叉研究提供了一种可借鉴的方法。本章的研究也存在一些不足，如研究主题的选择比较单一，未能涵盖大部分网购商品评论的数据采集，将来可尝试多品类网购评论专题研究与综合比较研究相结合的方法，进一步深入探索网购行为动态演化机理。

第9章

网购评论的语义网络结构演化规律探究

【本章导读】 第8章讨论了基于网购评论行为反应模式挖掘的执行意向演化规律，而本章为了深索网购评论中蕴含的网购语义线索及消费行为规律，以55560条售后评价为研究对象，提出了网民评价社会网络演化的相关假设，并创新性对网民评价社会网络演化图进行了可视化描述和实证分析。本章研究发现，商品的“质量”“实用”“卖家”“态度”属性具有较高的中心性，消费者对商品的这个四个属性依赖程度比较大；商品的实用性和质量在商品属性的共词矩阵中具有最高的相关性；消费者评价的整体网络密度相对较大，这表明其对网购者的态度和行为将产生很大影响。因此，本章最终揭示了网购评论的社会网络演化过程和消费者行为演化特征。

网购作为21世纪的新兴商务模式改变了人们的购物及生活方式。当信息时代的脚步走进人们的生活后，人们生活的世界也发生了翻天覆地的变化。例如，人们可足不出户地买到自己想要的商品和服务，这也催生了电子商务行业的快速兴起。相关专家认为，对于一些传统企业而言，通过一些传统的营销手段已经很难对现今的市场形成什么重大的改变。如果想将企业的销售渠道完全打开，企业就必须引进新的思维和新的方法。而网络购物正好为现今的传统企业提供了一个很好的机会与平台，传统企业通过借助第三方平台和建立自有平台纷纷试水网络购物，构建合理的网络购物平台、整合渠道、完善产业布局成为传统企业未来发展重心和出路。同时，在购物全程中会出现很多的交易行为，在交易过程中会产生大量的多维异构数据和网购者对这次购买过程的情绪态度。而文本数据挖掘技术在众多领域都是一个前瞻性的技术性话题，将其融入电子商务行业是新领域上的应用尝试。当今，很多企业单位以及科研院校都在钻研数据挖掘。通用的数据挖掘工具不区分具体数据的含义，采用通用的挖掘算法，可处理常见的数据类型。而专用挖掘工具则是针对某个特定领域的问题提供解决方案，在设计算法时，往往会充分考虑到数据需求的特殊性并作优化。然而，面对网购大数据的出现，人们花费了大量的时间和金钱想获取有实际价值的信息，结果却只能得到有限的知识。因此，如何将这些非结构化的数据资源有效地挖掘出其中的潜在价值和知识，变成一个亟待解决的重大问题。因此，本章采用文本数据挖掘技术（火车头采集器）采集电子商务网站的相关网页，提取网购行为过程中隐藏在大量数据中的有价值的信息作为样本数据，并通过后期的数据处理工作将网页通过相关技术整理成语义网络的形式，并得出相应的结论和预测。这有助于掌握网购行为过程中的内在规律，便于电子商务行业企业做好更准确的市场调研工作，有利于业务的生产销售、营销及推广。

9.1 相关理论基础

（1）文本挖掘与网购行为挖掘。

近年来，由于许多学者对文本数据挖掘的关注度不断提高，使得文本数据挖掘在许多方面都有应用，叶福军运用开方拟合检验方法和 KNN 分类算法等将文本数据挖掘应用到了数字图书馆文本分类模型中，提高了数字图书馆的检索能力以及检索准确性[①]。李卫军以 Web 技术和文本数据挖掘为背景，针对远程教育个性化服务，提出将内容推荐算法应用于个性化学习内容推荐，并利用仿真实验验证融合后算法的有效性，将经过测试后的算法应用于高职课程教学网站的建设。文本数据挖掘逐渐地被各个领域所接纳[②]。

21 世纪，网络拉近了人与人之间的距离，而在网络时代兴起的新兴行业，电子商务无时无刻在改变着人们的生活，在电子商务平台经营的这些年里，网上购物、网上聊天等大量的活动积累了人们无法想象的有待开发的数据库，在这些交易的背后隐藏着大量有价值的信息，如果能用有效的手段将其挖掘出来，未必不是一笔伟大的隐性财富。由于 Web 上面的信息绝大多数是非结构化的或者是半结构化的，采用传统的数据挖掘技术显然是不行的。因此，最近几年出现了

① 陶丹．大学生网络购物的调查与研究［J］．中国商贸，2011（26）：114－115.

② 李玉萍，胡培．顾客网络购物满意度影响因素研究［J］．商业研究，2015（1）：160－165.

Web 数据挖掘技术、Web 文本数据挖掘技术，很好地解决了上面的问题[①]。孙学军从特征项提取、文本关联分析、文本分类、文本聚类等方面对 Web 文本数据挖掘技术在电子商务中的应用作了探讨[②]，并对文本数据挖掘在电子商务领域中的应用进行了展望。然而有关文本数据挖掘的技术性问题一直是困扰着人们的难题，如何挖掘、用什么挖掘、怎样挖掘等问题是研究学者亟须解决的技术难题。2011 年，电子科技大学的徐德系统地探讨了文本挖掘和互联网文本挖掘的基本理论以及网页数据的抽取技术，并设计搭建了一个互联网新闻数据在线挖掘服务系统，能够快速准确地抽取出网页中的文本数据，实现了一种基于 HtmlParser 的网页数据自动抽取方法，能够快速准确地抽取出网页中的文本数据[③]。

电子商务的发展，网络购物行为越来越受到消费者的青睐，同时网络购物也对社会经济的发展产生着日益巨大的影响。在众多网购者群体中，大学生群体异常活跃，如表 9.1 所示，这引来众多学者对大学生群体的网购行为进行了专门性的研究。

表 9.1　　网购相关研究概述

作者	研究方法	研究对象	结　论
陶丹	问卷调查法	重庆 3 所高校学生	学生网络购物已经是一个活跃的经济现象；随年级的不同，其网购活跃度也有所不同；大学生的网购偏好有较明显的娱乐性特征；价格是推动大学生网购行为的主要动因；口碑传播是影响大学生选择购物网站的主要因素
谭江伟等	问卷调查法	重庆市 10 所大学在校学生	网络购物商品的价格优势是吸引大学生进行网络购物的主要因素，网络购物的便捷性，以及使用网络购物的时间也都影响着大学生的网络购物行为
盛晏等	问卷调查法	湖南农业大学在校学生	大学生网上购物潜力巨大；大学生网上购物市场已经形成；拍卖网站人气最旺；购物首选网站高度集中

① 邵康，张建伟．基于 BM25F 模型的 Web 文本挖掘个性化推荐研究［J］．情报理论与实践，2013（11）：118－122.

② 宁萍．大学生网络购物调查与研究［J］．现代营销（学苑版），2012（11）：258－259.

③ 刘芸玲．网络购物消费热点探析［J］．消费经济，2011（3）：42－45.

续表

作者	研究方法	研究对象	结　　论
杨立峰等	问卷调查法	河南某地方师院在校大学生	学生网络购物以服饰、图书音像制品、数码产品、考试资料及多媒体课程、虚拟物品为主，大学生网络购物主要出于自主选择性、新鲜好奇、时髦个性、趣味性等心理需求。大学生在网络购物时存在风险意识不强，自我保护措施较少的问题
宁萍	问卷调查法	北京青年政治学院和北京经济管理职业学院在校学生	网络购物的便利性、商品的丰富性和价格的低廉性使大学生成为网络购物的主力军

资料来源：邵兵家，马蓉，张晓燕，高志欣．消费者在线产品评价参与意向影响因素的实证研究［J］．情报杂志，2010（12）：185－189.

李东进，吴波，李研．远程购物环境下退货对购后后悔影响研究［J］．南开管理评论，2013（5）：77－89.

冯芷艳，郭迅华，曾大军，陈煜波，陈国青．大数据背景下商务管理研究若干前沿课题［J］．管理科学学报，2013（1）：1－9.

王元卓，靳小龙，程学旗．网络大数据：现状与展望［J］．计算机学报，2013（6）：1125－1138.

郝媛媛，叶强，李一军．基于影评数据的在线评论有用性影响因素研究［J］．管理科学学报，2010（8）：78－88.

由此可知，绝大多数学者在研究大学生网购行为的影响因素时都采用比较容易操作的问卷调查法，基本阐述了影响大学生的网购习惯的因素①，例如年级、年龄等，以及大学生网络消费者的购买物品的分布情况，描绘了大学生这一特殊群体的网络购物的消费现状。然而还有很多学者从其他角度出发对网络购物以及网络购物的消费者行为进行了研究。网络购物虽然被越来越多的人所青睐，但是，作为网民数量最多的国家，我国的网络购物者比例却还小于国际平均水平，这表明我国网民对这种新的购物方式尚未完全认同②。2008年的国际金融危机给许多传统行业和企业带来了灾难性损失，作为新兴的电子商务行业不但没有在这

---

① 李国鑫，李一军，李兵，叶强．我国电子商务用户网上购物行为的影响因素及其演变：基于2006年与2009年数据的实证研究［J］．管理评论，2012（7）：56－62.

② 李洁，丁颖．语义网、语义网格和语义网络［J］．计算机与现代化，2007，143（7）：38－41.

个危机中受到影响，反而有一种逆流而上的新局面，才得以使网络购物有了今天的高速发展。网购行为的产生受到很多因素的影响，如学历、年龄、性别、收入水平等，这些还会对网购的消费行为和消费结构产生不同的影响，王秀丽和田祯祎对上述影响因素通过访问调查法进行了细致地研究，分析了学历、年龄等因素与网购行为的关系，并通过调查给出了网民对网络购物的评价①。不同学者由于研究的出发点、所处背景以及调查群体的差异性，往往会导致得出的结论有一定的差异，刘娜在阐述了网购发展的历程后，描述了当今网络购物的现状和未来发展趋势，她认为网络购物突破了传统商务的障碍，影响网民网络购物的因素受商品网站的安全性、商品质量以及售后服务等影响较大②。

（2）网购语义网络分析。

语义网络（semantic network）是昆联（Quilian）在研究人类联想记忆时提出的心理学模型，是知识表示的一种方法，认为记忆是由概念间的联系来实现的，并主张在处理问句时，将语义放在首位。当时语义网络主要应用于自然语言理解系统中，表示事物之间的关系③。目前，语义网络已广泛地应用于人工智能的许多领域中，是一种表达能力强而灵活的知识表示方法④。西蒙（Simmon）正式提出了语义网络的概念，并讨论了它和一阶谓词逻辑的关系⑤。按照数学的观点，语义网络是一种带有标记的有向图。语义网络是知识的一种图解表示，它由节点和弧线或链线组成。语义网络表示由词法部分、结构部分、过程部分、语义部分4个相关部分组成⑥。当前，国内外语义网络的存储和使用的工具，多是基于本体的知识体系的，如Sesame、Jena、3store、SquishQL等几种存储管理系统。李跃新等提出了语义网络的关系模型，并用实例论述了语义网络知识的关系数据表的存储⑦。语义网络的应用十分广泛，涉及了计算机科学、社会心理学、传播

① 叶志刚，邹慧君．基于语义网络的方案设计过程表达与推理［J］．上海交通大学学报，2003，37（5）：664－667.

② 孔邵颖，郭宏亮．基于可伸缩语义网络距离的Web多维信息识别算法［J］．科技通报，2013，29（4）：34－35.

③ KostasAlexandridis. Collapse and reorganization patterns of social knowledge representation［J］. Information Sciences，2012（200）：1－21.

④ 宁萍．大学生网络购物调查与研究［J］．现代营销（学苑版），2012（11）：258－259.

⑤ LiZhang，Yehoshua Perl. A lexical metaschema for the UMLS［J］. Artificial Intelligence in Medicine，2005（33）：41－59.

⑥ 王林，赵杨，时勘．微博舆论传播的集群行为执行意向规律感知比较实验［J］．现代图书情报技术，2013（5）：73－79.

⑦ 赵蓉英，王静．社会网络分析（SNA）研究热点与前沿的可视化分析［J］．图书情报知识，2011（1）：88－94.

学以及经济学等领域，并扮演着重要的角色①。例如，为解决网络特征的表述越来越困难这一问题，孔邵颖和郭宏亮提出了一种基于可伸缩语义网络距离的Web多维信息识别算法②。在Web特征表述过程中，运用语义网络强度的多维信息表达能力，对多维信息进行表达，运用一种可伸缩模糊语言距离的概念，满足Web信息的多样性，完成多维信息的高效挖掘。科斯塔（Kostas Alexandridis）介绍了语义网络分析在自然语言处理的集体社会设置作用，利用扩散激活人类长期记忆理论从社会心理学中提取信息和用语言支持理性命题推理和近似形式③。李张和皮尔（Li Zhang and Ehoshua Perl）利用基于字符串匹配的词汇分区技术构建了一体化医学语言系统，对于当今医疗的映像视图做出了巨大贡献④。如今的语义网络已不仅仅是简单的有向图，而是在改善各行业的绩效方面做出了巨大的贡献。然而在当今发展迅速的电子商务行业，语义网络涉及相对较少，有待进一步去开拓。

综上所述，在移动互联网和大数据时代背景下，国内外学者们利用文本数据挖掘技术展开的学术研究对本章的研究奠定了前期基础，本章将以网购行为过程产生的文本数据为研究对象，深度挖掘其网购语义网络演化过程及网购行为演化特征，这对提高营销效果和优化个性化推荐策略将更具参考价值。

9.2 研究工具及方法

本章在数据收集过程中运用的是网点数据采集技术，在数据处理过程中运用的是ROSTcm的内容挖掘技术、中文分词技术、情感分析技术、UCINET的社会网络分析技术以及NETDRAW的可视化技术。本章主要采用理论研究方法和实证研究方法。在理论研究方法中，在对研究背景和研究意义的阐述过程中运用的是定性分析和定量分析相结合的方法以及文献综述法。在实证研究方法中，本章在样本数据的收集和处理过程中进行了统计分析的方法。

---

① 黎耀奇，谢礼珊．社会网络分析在组织管理研究中的应用与展望［J］．管理学报，2013（1）：146－154.

② 刘军．整体网分析讲义：UCINET软件实用指南［M］．上海：上海人民出版社，2009.

③ 陈毅文，马继伟．电子商务中消费者购买决策及其影响因素［J］．心理科学进展，2012（1）：27－34.

④ 徐德．关于互联网文本数据挖掘的一些关键技术研究［D］．电子科技大学，2011.

9.3 数据准备与处理

（1）数据采集。

我们采用 LocoySpider 网络数据采集软件以及人工逐页采集的方法获得了本章研究数据。LocoySpider 软件是由合肥乐维信息技术有限公司开发的专业网络数据采集器，能将采集到的数据对应表的字段导出到本地 Access 或 SQL Server 数据库中，也是一款数据抓取软件，强大的内容采集和数据导入功能将采集的任何目标网页数据发布到远程服务器，在 LocoySpider 的使用过程中，通过新建站点和任务，查询目标网站中网页的源代码，编写相应的采集规则，采集到相关数据资源，再加之人工采集，收集到了 7120 条数据资源。操作步骤如下：第一步，编辑网址规则，输入淘宝日用百货首页网址，添加到火车头采集器的起始网址；第二步，采集内容规则，打开淘宝日用百货网页的源代码页，选出商品名、价格、销量、发货地、评价得分、月销量和成交记录等对应的标签，通过多次调整标签代码和测试后，完成采集规则的编写，收集采集结果。由于淘宝商品的评论属于二级网址调用，难以在火车头采集器中直接采集，因此采用人工逐页采集的方法，此法是通过找自己身边的亲戚朋友手工在淘宝的日用百货网进行采集商品的相关评论。最终将商品的属性和对应评论进行后期整合和处理，形成最终的初始数据。

（2）样本的选取规则。

①研究样本的可行性。结合本章后期的关联规则、聚类研究及有关语义网络研究，选取淘宝网日用百货商品为本章的研究样本。其中，包括日用百货商品的商品名称、价格、发货地、月销量、评价得分以及成交记录六个属性，商品的随机十条客户评论作为样本的研究范畴。样本商品在淘宝网具有种类复杂、多样性的特点，人们难以知晓部分商品存在的关联关系，适合使用关联规则分析其内在规律；而日用百货的商品亦存在种类的类属相似性，各种类间同类属间的复杂网络也是目前不为众人所熟知的，故聚类分析在样本中的研究也是十分必要的。②研究样本的随机性。样本的选取是通过火车头采集器和人工在淘宝网上的日用百货逐个网页进行按顺序采集，由于淘宝网网页中商品的顺序每时每刻都在变动，而数据收集时间的各不相同，因此数据的来源具有随机性和实质无序性，保证了数据的一般性，使数据的分析结果具有可靠性。

9.4 结果及分析

9.4.1 交易评价的情感分析

选择“原始数据表”中的数据进行格式的统一化处理，筛选和删除无效数据，并对商品名称中太冗余的数据记录进行简化处理，突出商品的专属属性，便于商品种类识别。如表9.2所示，首先，采用ROST Content Mining System内容挖掘系统中文分词技术进行评价内容的分词处理，得到10个分词后的数据的文本文档；其次，将分词后的数据信息在ROST Content Mining System内容挖掘软件中运用情感倾向分析工具对10条评价（共55560个记录）分别进行情感分析，得到各评价的情感倾向及得分情况。

表9.2　评价的情感分析结果分布情况

评价类别	发言总条数	积极情绪		中性情绪		消极情绪	
		条数	占比(%)	条数	占比(%)	条数	占比(%)
评价01	17910	7080	39.53	9250	51.65	1580	8.82
评价02	15940	6570	41.22	7930	49.75	1440	9.03
评价03	13510	5870	43.45	6490	48.04	1150	8.51
评价04	13310	5510	41.40	6620	49.74	1180	8.87
评价05	12170	5020	41.25	6020	49.47	1130	9.29
评价06	12020	4750	39.52	6080	50.58	1190	9.90
评价07	10720	4850	45.24	4930	45.99	940	8.77
评价08	10390	4280	41.19	5220	50.24	890	8.57
评价09	10430	4460	42.76	5070	48.61	900	8.63
评价10	8860	3990	45.03	4300	48.53	570	6.43

最后，将情感分析后的结果（包括得分、情绪的正负面以及对应分词后的评价）统计在excel表中，并一一核对，对系统给予评价情绪的误差判定进行人工微调。通过表9.2我们发现对这7120个商品的55560个评价记录里中性情绪

的评价居于50%左右，占总评价的一半，而积极情绪的评价占40%左右，消极情绪的评价占10%左右，可见淘宝网上的客户对日用百货还是比较认可的。

9.4.2 交易评价的社会化语义网络分析

客户更关注淘宝网商品的哪些属性以及各属性间有多大的相关度，是淘宝以及电商企业最大限度地满足客户的关键所在。为了研究这个问题，本章通过数据挖掘方法，提取了评价记录中的高频词汇和属性特征词，并构建了网络和矩阵，利用可视化工具 NETDRAW 共生成 110 个属性节点，其中 28 个属性节点与其他属性具有较高的相关度，为主要研究对象。首先对生成的文本文档进行网络可视化；其次调整软件自行生成的网络图，对节点形状、大小、颜色、位置摆放等进行美观化处理；再次利用 UCINET 软件对网络的点度中心性和整体网络密度和交易评价的整体网络密度进行分析；最后结合商品属性之间的点度中心性分析、中间中心性分析、接近中心性分析、语义关联分析以及网络密度分析进行定量分析，挖掘出潜在的非结构化的评价语义关系，找出内在规律，将研究结果作为促进企业发展的依据。

9.4.3 社会化语义网络的可视化

如图 9.1 所示，图左侧陈列的 13 个节点为主要节点，位于网络图中心的商品属性具有很高的相关性。

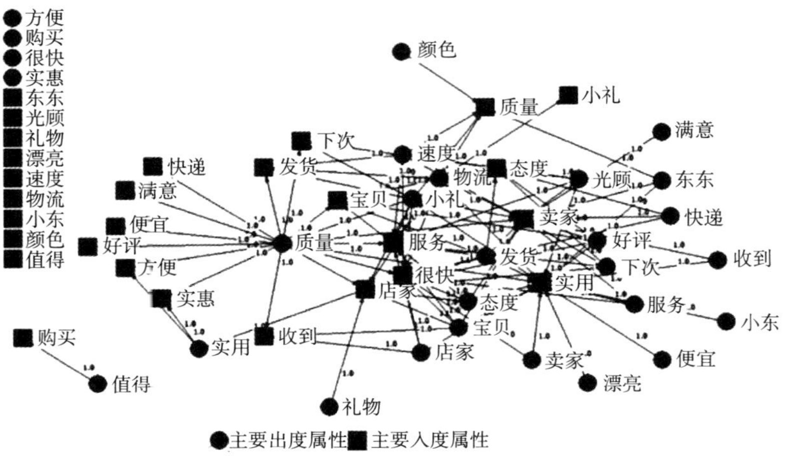

图 9.1 商品属性社会网络关系图

从图9.1可以看出，“实用”“态度”“服务”“卖家”“物流”“宝贝”“质量”和“发货”位于网络图的中心位置，具有较高的中心度，“质量”作为商品的属性拥有很高的出度和入度，表明商品质量以及实用性是淘宝买家最关注的问题，也是电子商务企业最应亟待解决的问题。例如，“实用”比“礼物”更接近中心位置，表示商品的实用性更受到客户的关注，当然社会网络图的结果与选取的数据样本有关。社会网络图中有线相连的两个节点间都具有一定的关联度，线上的数值代表其相关性的大小，因此可以通过相关关联线上的相关度数值了解到上述词语与外围词各有其不同的相关度，为了便于识别，如表9.3所示，列出前十位高相关度词的行特征词共词矩阵。

表9.3　　排名前10高相关度行特征词共词矩阵

	实用	质量	卖家	宝贝	好评	态度	发货	服务	物流	店家
实用	—	112	94	86	70	46	54	55	46	48
质量	112	—	85	46	53	56	64	61	40	44
卖家	94	85	—	83	51	155	101	134	78	—
宝贝	86	46	83	—	51	30	38	44	67	37
好评	70	53	51	51	—	30	—	—	—	39
态度	46	56	155	30	30	—	54	140	55	42
发货	54	64	101	38	—	54	—	51	40	55
服务	55	61	134	44	—	140	51	—	55	49
物流	46	40	78	67	—	55	40	55	—	32
店家	48	44	—	37	39	42	55	49	32	—

从表9.3可知，日用百货商品的实用性和质量的共词矩阵系数达到了112，在众多商品属性中位居第一。可见，“实用”和“质量”是客户最关注的两个因素。

9.4.4　中心度及网络密度指标测量

（1）点度中心性分析。

如图9.2所示，outdegree表示出度，indegree表示入度，点入度比较高的商品属性，即更受网购消费者关注的编号18的“实用”属性（点入度为20.500），其次为编号14的“卖家”属性（点入度为17.333）。说明它们在完成网购交易的过程中拥有较大的权力，这些属性是否符合消费者心意更能促进交易的完成。

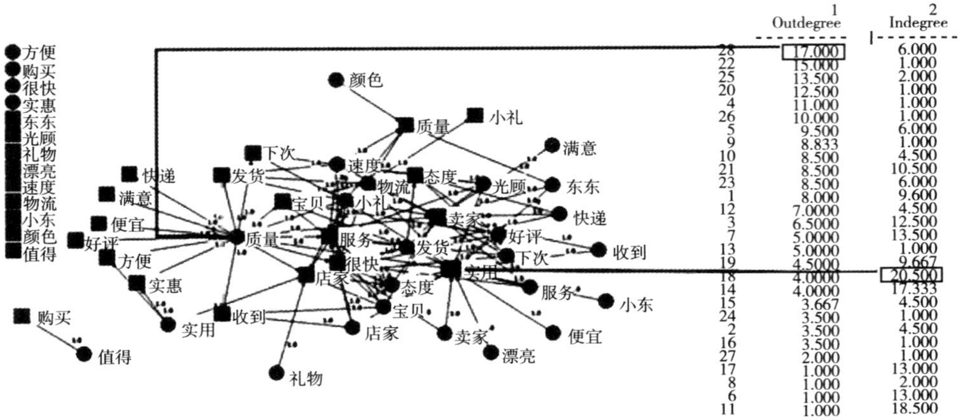

图 9.2　交易评价网络结构“核心—边缘”分析——点度中心性分析结果

由此可知，第一，处于网络高入度的商品的“实用”属性对于网购的消费者最为关注，样本来自网上交易的评价，且均为小巧易携带的日用百货，自然对于小商品的实用性关注度更高些，也突出了商品的实用性是能否顺利使交易完成的关键点，因此在交易过程中具有较高的影响力。第二，处于网络高出度的商品的“质量”属性，是消费者顾客忠诚度的体现，如果商品的质量能够得以保证，那么将有助于挖掘未来市场的潜在用户，完成更多的交易。

此外，由图 9.3 可知 28 × 28 的这个交易评价网络的标准化网络中心势为 54.99%。中心势越接近于 1，表明网络的集中趋势就越突出（高红艳，2006）。网络中心势较高，说明消费者关注的商品属性有较高的集中度，并非单一对某一种商品的某一属性进行关注。网络的异质性数值和标准化数值分别为 6.04% 和 2.56%，数值都比较低，也印证了前面阐述的评价中商品属性的高中心势的特点。

		1 绝对中心度 Degree	2 相对中心度 NrmDegree	3 共享 Share
1	Mean	7.214	26.720	0.036
2	Std Dev	5.996	22.208	0.030
3	Sum	202.000	748.148	1.000
4	Variance	35.954	493.197	0.001
5	SSQ	2464.00	33799.727	0.060
6	MCSSQ	1006.714	13809.523	0.025
7	Euc Norm	49.639	183.847	0.246
8	Minimum	1.000	3.704	0.005
9	Maximum	21.000	77.778	0.104

网络集中度（Network Centralization）=54.99%
异质性（Heterogeneity）=6.04%.归一化（Normalized）=2.56%

图 9.3　整体网络趋势分析

（2）中间中心性分析。

由图9.4可知，商品的“质量”“实用”“卖家”“态度”属性具有较高的中心性，消费者对商品的这个四个属性依赖程度比较大，这几个属性的网络权利比较大，控制着整个交易过程中的成功率。

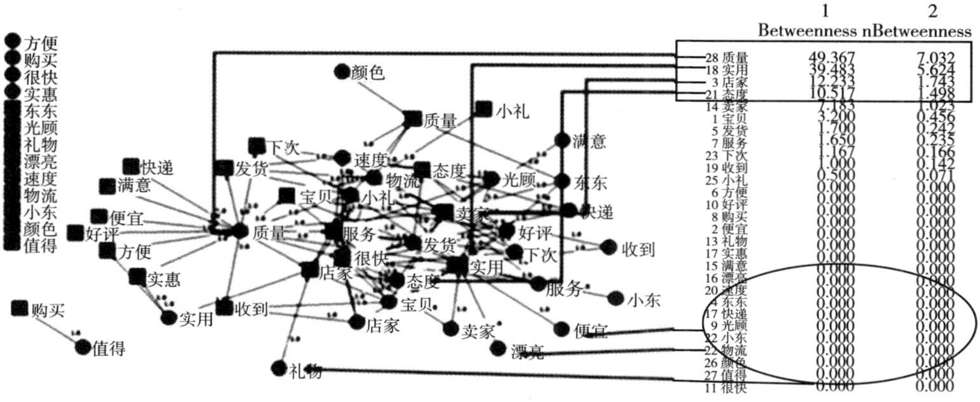

图9.4　交易评价网络结构“核心—边缘”分析——中间中心度分析结果

（3）接近中心度分析。

inFarness 表示内接近性，outFarness 表示外接近性。接近中心度可以表示为不受外界环境控制的一种测量，学者大多根据点与点之间的“距离”来测量两点间的“接近中心度”。如图9.5所示，商品的“物流”“方便”“实用”“服务”等评价排在列表前，具有较高的独立性。

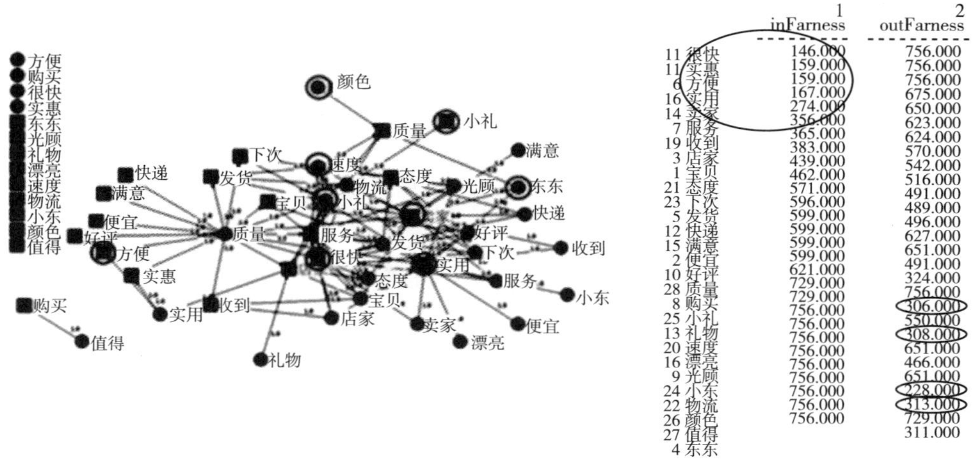

图9.5　交易评价网络结构“核心—边缘”分析——接近中心度分析结果

（4）语义网络关联。

高频词集中交于交流词簇，如“态度”“质量”“卖家”等，态度和质量问题是交易过程语义网络中体现的重要问题。为了对各属性间的关系进行量化，清晰描述日用百货评价的语义网络关系，如表 9.4 所示，给出评价中商品属性的 100 对词频的两两关系的相关度量表。

表 9.4　日用百货评价语义网络关联表

词频 1	词频 2	相关度	词频 1	词频 2	相关度
态度	卖家	155	实用	方便	44
态度	服务	140	满意	卖家	44
服务	卖家	134	收到	实用	44
速度	发货	113	实用	实惠	43
质量	实用	112	礼物	店家	43
物流	很快	106	质量	下次	43
发货	卖家	101	态度	店家	42
卖家	实用	94	下次	态度	41
发货	很快	87	质量	很快	41
小礼	卖家	86	东东	卖家	40
宝贝	实用	86	光顾	卖家	40
质量	卖家	85	小东	实用	40
宝贝	卖家	83	物流	发货	40
物流	卖家	78	物流	质量	40
好评	实用	70	收到	卖家	39
速度	卖家	68	好评	店家	39
物流	宝贝	67	发货	宝贝	38
下次	卖家	67	质量	快递	38
质量	发货	64	物流	小礼	38
速度	很快	61	光顾	实用	37
质量	服务	61	小礼	发货	37
光顾	下次	59	宝贝	店家	37

续表

词频 1	词频 2	相关度	词频 1	词频 2	相关度
质量	便宜	58	速度	态度	37
卖家	很快	57	速度	服务	36
质量	态度	56	光顾	态度	36
发货	店家	55	光顾	服务	36
物流	态度	55	质量	方便	36
服务	实用	55	质量	实惠	35
物流	服务	55	颜色	质量	35
发货	态度	54	服务	很快	34
发货	实用	54	漂亮	实用	34
质量	满意	54	快递	很快	33
下次	实用	54	小礼	服务	33
质量	好评	53	小礼	下次	33
便宜	实用	53	宝贝	很快	33
小礼	实用	52	实用	很快	32
好评	卖家	51	店家	收到	32
发货	服务	51	态度	很快	32
好评	宝贝	51	质量	收到	32
宝贝	收到	51	物流	店家	32
店家	服务	49	东东	质量	32
店家	实用	48	小礼	质量	31
质量	宝贝	46	小礼	很快	31

由表 9.4 可以看出，“态度”与“卖家”、“态度”与“服务”、“服务”与“卖家”、“速度”与“发货”等商品的属性间的相关性比较大，是客户对商家的主要关注点。

（5）整体网络密度计算。

如表 9.5 所示，通过以上操作在 UCINET 中生成个体密度的计算结果。

表 9.5 个体密度计算表

Density	1	2	3	4	5	6	7	8	9	10	11	12	13	14
Measures	Size	Ties	Pairs	Densit	AvgDis	Diamet	nWeakC	pWeakC	2StepR	ReachE	Broker	nBroke	EgoBet	nEgoBe
1 宝贝	11. 00	44. 00	110. 00	40. 00			1. 00	9. 09	92. 59	17. 61	33. 00	0. 30	2. 37	2. 15
2 便宜	2. 00	1. 00	2. 00	50. 00			1. 00	50. 00	88. 89	58. 54	0. 50	0. 25	0. 00	0. 00
3 店家	13. 00	46. 00	156. 00	29. 49			2. 00	15. 38	92. 59	17. 73	55. 00	0. 35	8. 17	5. 24
4 东东	3. 00	3. 00	6. 00	50. 00			1. 00	33. 33	88. 89	41. 38	1. 50	0. 25	0. 00	0. 00
5 发货	11. 00	47. 00	110. 00	42. 73			1. 00	9. 09	92. 59	17. 12	31. 50	0. 29	1. 87	1. 70
6 方便	2. 00	1. 00	2. 00	50. 00			1. 00	50. 00	88. 89	58. 54	0. 50	0. 25	0. 00	0. 00
7 服务	13. 00	57. 00	156. 00	36. 54			1. 00	7. 69	92. 59	15. 92	49. 50	0. 32	1. 65	1. 06
8 购买	1. 00	0. 00	0. 00		0. 00	0. 00	1. 00	100. 0	3. 70		0. 00		0. 00	
9 光顾	5. 00	10. 00	20. 00	50. 00			1. 00	20. 00	85. 19	31. 94	5. 00	0. 25	0. 00	0. 00
10 好评	6. 00	14. 00	30. 00	46. 67			1. 00	16. 67	92. 59	26. 04	8. 00	0. 27	0. 00	0. 00
11 很快	12. 00	50. 00	132. 00	37. 88			1. 00	8. 33	92. 59	16. 78	41. 00	0. 31	0. 00	0. 00
12 快递	4. 00	6. 00	12. 00	50. 00			1. 00	25. 00	81. 48	34. 38	3. 00	0. 25	0. 00	0. 00
13 礼物	1. 00	0. 00	0. 00		0. 00	0. 00	1. 00	100. 0	48. 15	100. 00	0. 00		0. 00	
14 卖家	17. 00	61. 00	272. 00	22. 43			1. 00	5. 88	88. 89	15. 00	105. 50	0. 39	4. 28	1. 57
15 满意	2. 00	1. 00	2. 00	50. 00			1. 00	50. 00	81. 48	57. 89	0. 50	0. 25	0. 00	0. 00

续表

Density Measures	1	2	3	4	5	6	7	8	9	10	11	12	13	14
	Size	Ties	Pairs	Densit	AvgDis	Diamet	nWeakC	pWeakC	2StepR	ReachE	Broker	nBroke	EgoBet	nEgoBe
16 漂亮	1. 00	0. 00	0. 00		0. 00	0. 00	1. 00	100. 0	74. 07	100. 00	0. 00		0. 00	
17 实惠	2. 00	1. 00	2. 00	50. 00			1. 00	50. 00	88. 89	58. 54	0. 50	0. 25	0. 00	0. 00
18 实用	20. 00	66. 00	380. 00	17. 37			3. 00	15. 00	92. 59	15. 06	157. 00	0. 41	33. 48	8. 81
19 收到	5. 00	9. 00	20. 00	45. 00			1. 00	20. 00	92. 59	30. 49	5. 50	0. 28	1. 00	5. 00
20 速度	6. 00	15. 00	30. 00	50. 00			1. 00	16. 67	81. 48	25. 00	7. 50	0. 25	0. 00	0. 00
21 态度	14. 00	57. 00	182. 00	31. 32			1. 00	7. 14	92. 59	15. 92	62. 50	0. 34	7. 85	4. 31

一个二值关系网络密度的计算公式是比较简单的，它是网络中“实际存在的关系总数”与“理论上最多可能存在的关系总数”的比值。在 UCINET 软件中计算多值关系网络的密度，其计算方法仍然是“实际存在的额关系总数”除以“理论上的最多可能存在的关系总数”，实际上等于所有可能存在的关系的平均值。日用百货评价的整体网络矩阵平均密度 Density （matrix average） 为 0.1336，网络中关系的标准差 Standard deviation 为 0.3402。结果显示整体网的密度相对较大，因此商品属性的评价对未来评价的关注的态度和行为都会产生很大的影响，表明商品属性的研究对于电子商务企业决策的制定具有一定的借鉴意义。

9.5 本章小结

本章通过对淘宝网日用百货商品的交易过程中的交易情绪进行情感计算分析了淘宝网日用百货商品的购买者的情绪认可性及波动性，反映了在整个购买的过程之后客户对商品的主观评价，是对电商行业的客户关系管理的一种拟合。而对日用百货交易评价的社会网络分析体现了客户对商品属性的关注点，从前面研究中可看出顾客对上架的服务态度、送货速度、商品质量等因素比较看重，这也为电子商务行业如何进行针对性地实施自己的战略规划提供了数据支持，有利于决策者更好地规划自己企业的未来。消费者在网上购买的过程中比较关注商品的实用性，商品质量以及卖家的服务态度，在这些属性中实用性和商品质量具有最大的相关性。通过对商品属性的网络中心度以及供词矩阵的相关性研究，可以发现消费者在交易过程中的关注点是商品的实用性和商品质量。

在电子商务领域，对语义方面的研究一直也是一个重要的研究课题。特别是对于商品的评价信息，从非结构化的评论文字中抽取的知识信息比单一的好评率信息更能反映客观事实，但这需要大量的数据积累以及分析技术上的突破，有关买家情感研究等课题也是业内一直激烈讨论的。网购数据尚处于积累期，今后必将看到在电子商务语义挖掘领域有成效的研究成果出现。本章初步在构建网购日用百货评价体系语义网络图上做了相关研究，但受到各种因素的限制，本书的研究尚具有一定的局限性。

第10章

网购情景线索与行为反应关联演化模型研究

【本章导读】 在前几章的研究基础上，本章探讨了网购行为执行意向结构中的网购情景线索与目标导向行为反应的关联机制。本章选取淘宝网用户评论作为研究对象，结果表明：第一，网购认同线索、知觉感知情景线索是最重要的网购者认知情景，它与愉悦感、口碑传播等行为具有高度关联性；第二，网购细节展示度没有与网购行为反应产生直接关联，但其通过认同线索和知觉感知情景线索作用于网购者愉悦感、口碑传播和行为忠诚等行为反应；第三，网购情景线索与行为反应的动态演化中其核心结构骨架并没有产生裂变，所有弱连接是通过网购愉悦感、口碑传播、知觉感知和认同线索等强连接形成复杂的关联网络。最后本章对所得结果进行讨论并指出未来的研究方向。

随着"互联网+"与产业的高度融合，我国电子商务在原有基础上得到快速发展，特别是近年来的跨境电商、农村电商得到国家政策、全球化发展趋势的引领，呈现出极速扩张的态势。在此背景下，网购行为的科学研究成为当前多学科交叉研究的热点之一。当前，网购进入一个场景时代，线上与线下越来越注重用户体验和服务感知等场景化商业变革，网购场景将影响消费者的决策与忠诚行为。尽管网购行为的研究取得了较多成果，对于指导网购实践具有重要价值，但移动互联网时代网购行为的碎片化、情景化、动态关联及聚类效应等特征相互耦合，使得预测网购行为变得更加复杂，难以用传统方法进行跟踪、量化研究，网购行为模式反应的理论滞后性问题越来越突出①。根据行为意向理论、行为执行意向理论及技术接受模型，目前网购行为预测与应用研究主要面临三个方面的挑战，分别是：

① 张亚明，赵杨，王林．基于执行意向理论的网购评论行为反应模式研究［J］．软科学，2016（7）：118－123.

（1）网购情景主导因素对网购决策行为的影响机制尚不明晰；（2）网购情景线索与网购行为反应的动态演化过程受制于单一学科的限制，需要借助多学科交叉研究方法揭示其规律；（3）网购情景线索与网购行为反应之间呈现怎样的关联规律。因此，探讨网购行为是当今电商企业所面临的关键问题，它对网购群体心理认知、个性化推荐策略和网络营销路径等应用研究具有重要的指导意义。

10.1 理论基础及相关研究

10.1.1 网购行为执行意向概念

执行意向，又称为“如果—那么”计划[①]，其主要包含特定的情景线索、合适的目标导向反应，其中“如果”成分与情景线索有关，“那么”成分与目标导向反应有关，执行意向将两者关联起来，关联度越强，个体付出实际行动的可能性越大[②]。格里维茨（Gollwitzer）在研究行为执行意向时所采取的形式为：如果我遇到情景线索 A，那么我将执行目标行为 B[③]。它使个体的具体行动计划与情景线索相匹配，促进了其行为意向[④]。网购行为执行意向通过强化网购者的认知记忆来增强情景线索识别能力，在一定的网购情景或条件刺激下，执行意向被自动、有效并且无意识地启动，它是一种行为临界状态，更能预测实际网购行为发生的可能性[⑤]。

10.1.2 网购行为执行意向与个性化推荐的关系

网购行为科学的研究综合了心理学、消费者行为学、大数据技术、网络行为

① Gollwitzer, P. M., & Sheeran, P. Self - regulation of consumer decision making and behavior: The role of implementation intentions [J]. Journal of Consumer Psychology, 2009 (19): 593 - 607.

② Prestwich A., Kellar I. How Can the Impact of Implementation Intentions as a Behaviour Change Intervention be Improved [J]. European Review of Applied Psychology, 2014, 64 (1): 35 - 41.

③ Burkard C., Rochat L., Linden M. V. D. Enhancing Inhibition: How Impulsivity and Emotional Activation Interact with Different Implementation Intentions [J]. Acta Psychological, 2013, 144 (2): 291 - 297.

④ 王林，时勘，赵杨. 行为执行意向的理论观点及其相关研究 [J]. 心理科学，2014 (4): 875 - 879.

⑤ 王林，曲如杰，赵杨. 基于评论信息的网购情景线索类型及其作用机制研究 [J]. 管理评论，2015 (4): 156 - 166.

学等多种学科的交叉，近年来促进了多学科融合研究的成果，由于电子商务和信息技术的突飞猛进，网购行为科学的理论研究受制于理念与技术的高度融合复杂性影响，处于探索阶段。在竞争激烈的网购活动中，商家通过大数据技术捕捉网购者行为，但缺乏相应行为科学理论成果的指导，网购行为绩效并不显著，为了提升消费者的购物体验、培养顾客忠诚，越来越多的电子商务企业开始为顾客提供个性化商品推荐，从而以用户行为动态匹配为中心的网购行为实践与理论研究就此展开①。与面向机器的推荐系统不同，个性化推荐系统面向的是作为系统使用主体的人，其本质是认知助手，融合了网购情境、网购者和资源融合等构架②。个性化推荐技术可以向网购者提供商品和信息的建议，模拟销售人员帮助客户完成购买决策过程③。为此，个性化推荐方法在实践应用方面获得重要突破，例如，研究显示结合用户需求匹配和用户口碑，集成的旅游路线个性化推荐方法较传统方法具有更好的用户体验④；基于情境感知的移动阅读个性化信息推荐模型实验研究，结果表明其能为处于特定情境下的读者提供个性化的移动阅读服务⑤。然而，一方面，受项目和用户模型匹配算法的限制，使推荐结果过于专门化，理论与实践应用存在较大差距；另一方面，较少考虑情景信息，使推荐系统缺乏情景敏感性⑥。网购情景线索成为个性化推荐系统中最重要的行为场景元素，其社会网络属性不容忽视，社会化标签也已经成为个性化信息推荐领域的研究热点之一⑦。大数据背景下商务网站个性化推荐服务从精准深度挖掘、数据关联、个性化决策、知识化平台等视角成为新的发展方向⑧。因此，本章结合网购行为执行意向理论的思想与个性化推荐的现实需求，通过数据挖掘技术，探索网

---

① 孙鲁平，张丽君，汪平．网上个性化推荐研究述评与展望［J］．外国经济与管理，2016（6）：82－99.

② 刘凯，王伟军，黄英辉，方璐．个性化推荐系统理论探索：从系统向用户为中心的演进［J］．情报理论与实践，2016（3）：52－56.

③ 戴德宝，刘西洋，范体军．“互联网＋”时代网络个性化推荐采纳意愿影响因素研究［J］．中国软科学，2015（8）：163－172.

④ 李倩，许伟，蒋洪迅．考虑用户口碑的旅游计划个性化推荐方法研究［J］．管理评论，2016（6）：113－118.

⑤ 曾子明，陈贝贝．移动环境下基于情境感知的个性化阅读推荐研究［J］．情报理论与实践，2015（12）：31－36.

⑥ 李枫林，陈德鑫，梁少星．基于语义关联和情景感知的个性化推荐方法研究［J］．情报杂志，2015（10）：189－195.

⑦ 房小可，纪春光．基于标签主题和概念空间的个性化推荐研究［J］．情报理论与实践，2015（5）：105－111.

⑧ 王茜，钱力．大数据环境下电子商务个性化推荐服务发展动向探析［J］．商业研究，2014（8）：150－154.

购情景线索与行为反应之间的关联匹配规律，为电子商务推荐系统优化和精准营销策略实施方案改进提供可借鉴的理论参考。

10.2 研究方法

本章针对购物平台上用户的真实反馈，采用构建关联挖掘模型的研究方法，分析已标注的用户评论数据，推导出情景线索指标与行为反应指标的关联程度。

10.2.1 样本选取与数据采集

本章研究数据来源于淘宝网站上用户的真实反馈。为避免样本数据采集过程中的无效规则及重复抓取，主要采取了如下方法，以确保数据的完整性、连续性和科学性：第一，在采集数据过程中，要求保证样本信息多源分布；第二，避免样本信息的选择性偏差；第三，保证样品信息的真实性，在信息采集过程中，不得依据自我见解修改样本信息，要真实反映实际信息；第四，在信息筛选过程中，要求保证样本文本信息不重复。

根据以上采集方法的原则，研究者采用“火车”浏览器软件采集数据，以确保样本信息的全面客观性，并在信息整理过程中，将重复的、无明确意义的语句排除，最终共采集到1591条有效评论数据。

10.2.2 指标选取

在采集数据之后，需要构建情景线索与行为反应的指标。情景线索指标构建主要参考了本课题组的研究成果[①][②]，划分为让利价值、客户资产、客户价值、知觉感知、情感体验、质量标准、安全线索、时空信息、细节展示度、服务驱动、认同线索、依赖线索这12个指标；在构建行为反应指标时，借鉴了本课题组的研究结果，得到抱怨、焦虑、紧张、愉悦感、恐惧感、情绪起伏、行为忠

① 张亚明，赵杨，王林．基于执行意向理论的网购评论行为反应模式研究［J］．软科学，2016（7）：118－123.

② 王林，曲如杰，赵杨．基于评论信息的网购情景线索类型及其作用机制研究［J］．管理评论，2015（4）：156－166.

诚、口碑传播、自豪感、成就感、推荐分享、谈判、期待这13个指标①。在分析过程中，将运用上述25个指标，对评论数据进行标注。

10.2.3　研究方法

本章运用关联分析的方法，对情景线索和行为反应指标进行关联挖掘。运用网络图将指标间的关联可视化，从宏观上得出当前网购行为下，不同情景线索指标和行为反应指标之间的关联强弱程度；运用Apriori算法得出关联指标间的支持度和置信度，从而提炼出不同情景线索和不同行为反应之间的关联规则。

10.2.4　研究工具

利用IBM SPSS Modeler软件对情景线索指标和行为反应指标进行关联挖掘。

10.3 算法流程

10.3.1　产生频繁项集

Apriori算法中的第一步是发现频繁项集。一个频繁项集的定义是支持度大于或等于用户指定的最小支持度阈值Smin的项集，而项集的支持度是指该项集在记录中的数量除以总记录数。该算法首先通过扫描数据，然后识别满足支持度标准的单个项目集，接着使用以下步骤产生较大的项集：

（1）结合已有长度为（k－1）的项集生成长度为K（含k项）项集的候选集：对于任意一对长度为（k－1）的频繁项集P和Q，如果前（k－2）个项是相同的，若P的最后一项比Q的大，那么通过在Q的最后加上P的最后一项即可创造K项集的候选集。

（2）通过检查每个候选项集中所有长度为（k－1）的子集来修剪候选集，所有子集必须是频繁项集，否则候选项集就是不频繁的，将排除考虑。

---

① 王林，曲如杰，赵杨．基于评论信息的网购情景线索类型及其作用机制研究［J］．管理评论，2015（4）：156－166.

（3）计算候选集合中的每个项集的支持度：

$$support = \frac{N_i}{N} \tag{10.1}$$

其中，N_i是相匹配项集的记录数量，N 是所有记录的数量。

（4）当项集的支持度≥Smin 时，将会添加到频繁项集的列表。

10.3.2　产生关联规则

当所有的频繁项集已被确定时，将从频繁项集提取规则。

（1）在长度为（k-1）的项集中找出满足以下条件的所有子集 A 和$\tilde{A}$，即 A 中所有字段都为输入字段，而$\tilde{A}$中所有字段都为输出字段。

（2）对于每一个子集 A，规则 $A \rightarrow \tilde{A}$ 的置信度计算如下所述。

$$C_{posterior} = \frac{r}{a} \tag{10.2}$$

其中，r 是记录中先导 A 和后继$\tilde{A}$同时出现的次数，N 是数据中的总记录数。

（3）若计算得出的置信度大于用户指定置信度的阈值，则将规则添加到规则表中。

10.4
结果及分析

10.4.1　情景线索与行为反应演化过程分析

对多次标注后的数据进行网络图构建，得到节点个数和指标所形成链接的强弱关系。通过分别截取样本量减少了 1000、800、200、10 的网络图，将其进行比较，得到图 10.1。

（1）当样本量减少了 1000 时，如图 10.1（a）所示，图中有 4 个网络节点，分别为知觉感知、认同线索、愉悦感和口碑传播。其中，知觉感知、认同线索为情景线索网络节点；愉悦感、口碑传播为行为反应网络节点。口碑传播作为中心节点，与愉悦感、认同线索分别形成强链接，这表明，当顾客消费产品产生愉悦感或认同感时，会对产品进行口碑传播；而认同线索与愉悦感、知觉感知与口碑

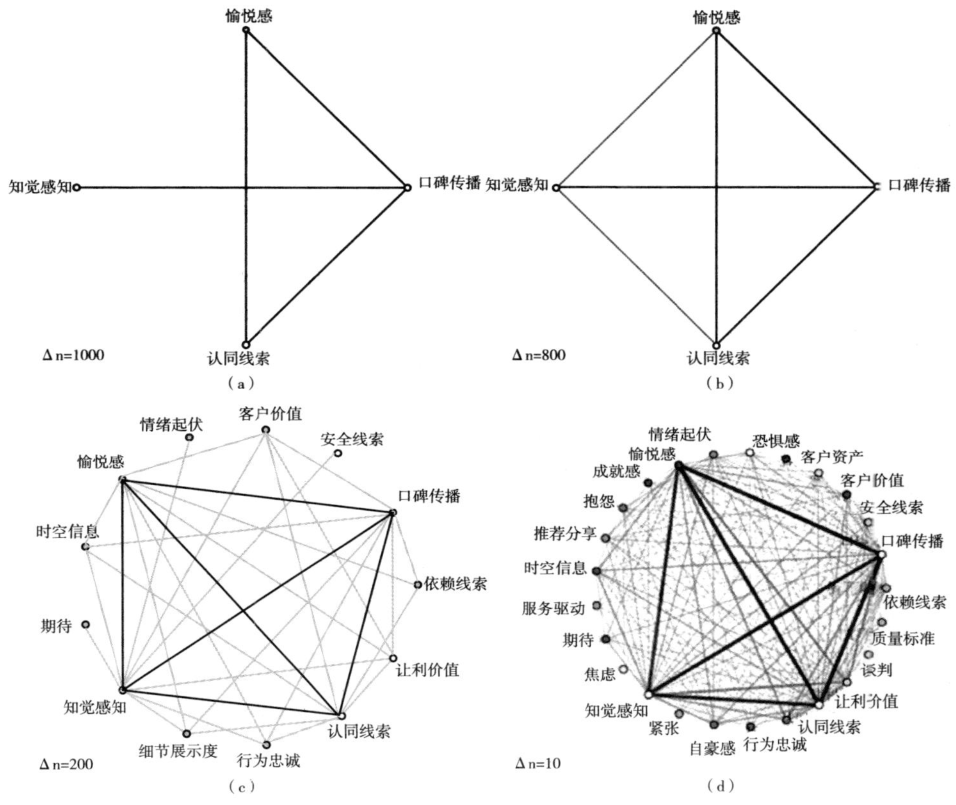

图10.1　不同样本量的网络图的比较

传播分别形成弱链接，这表明，认同感和愉悦感通过口碑传播进行联系，顾客对产品的知觉感知良好能带来口碑传播。

（2）当样本量减少了800时，如图10.1（b）所示，图中节点个数不变，认同线索与愉悦感形成的弱链接变为强链接，知觉感知与口碑传播形成强链接的同时，分别与认同线索、愉悦感形成弱链接。

（3）当样本量减少了200时，如图10.1（c）所示，图中增加了客户价值、安全线索、依赖线索、让利价值、细节展示度和时空信息6个情景线索网络节点，以及行为忠诚、情绪起伏和期待3个行为反应网络节点。知觉感知、认同线索、愉悦感、口碑传播两两形成强链接，其余皆为弱链接。

（4）当样本量减少了10时，如图10.1（d）所示，所有的网络节点出现。（a）中的4个节点所形成的强链接仍为中心骨架，也是剩余网络节点所形成弱链接的中心节点。4 个节点因其他网络节点的弱链接形成关联。

综上所述，当样本量最小时，能够发现网络核心节点及网络结构的基础框架，这是网购情景线索和行为反应关联模型演化的最初形态；当样本量逐步增大时，能够发现网络整体结构的变化及核心节点的中心度。如图 10.1 可知，当样本量由少变多时，网络图规模虽呈几何级数的增长和演变，但核心骨架基本不变。因此，基于不变的核心骨架，消费者的行为框架和心理安全感趋于稳定，这对商家制定营销策略有很好的指导意义；基于核心骨架对其他网络节点不断增强的传播影响力，网购结构呈现复杂多派系的局面，有必要对此进行深层次的挖掘分析。

10.4.2 网购情景线索与行为反应关联模型

尽管核心骨架处于重要地位，但在网购中，情景线索和行为反应交互作用，因此，有必要将两者建立关联模型，进行深度挖掘。由于在大型网络结构中，弱链接成千上万，大多处于边缘状态，随着参数变化，会逐渐消失。但基于网购发展的必然规律，小部分弱链接会随着参数减小，相互影响力变大，转化为强链接。而不论参数如何变化，核心骨架在整个结构中的作用依然十分强大，所以本章仅抓取图 10.1 中关键的节点进行挖掘分析，结果如图 10.2 所示。

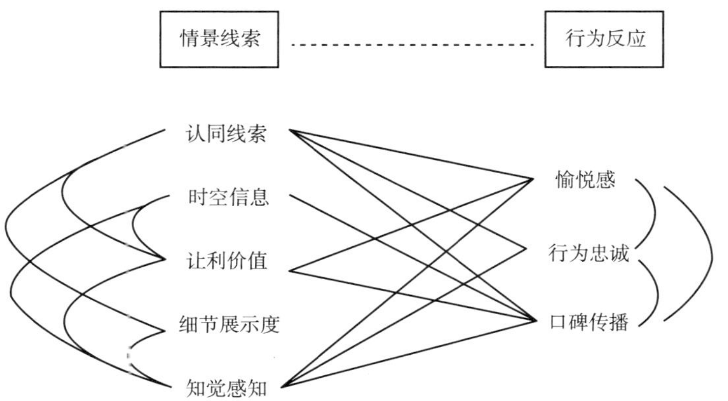

图 10.2 情景线索和行为反应关联模型

由于仅采集 1591 条数据，如图 10.2 所示的关联模型还须通过情景化模拟仿真技术、实证法、心理学实验等方法来验证各种情景下关联模型的演化边界规律，即关联模型的适用性与极限条件下的边界条件，并对情景线索和行为反应进行程序化编译，构建网购行为分析系统，从而提高网购决策效率。

10.4.3　理论饱和度检验

为检验网络图指标关联的准确性，我们运用 Apriori 算法对数据构建关联规则的模型。如表 10.1 所示，最终得到了前项指标和后项指标的支持度和置信度，由于版面所限，不能一一呈现出指标所有的关联。以下选取 2 条关联数据作为检验示例。

表 10.1　Apriori 算法构建的模型分析

后项	前项	实例	支持度（%）	置信度（%）
口碑传播 = T	愉悦感 = T and 认同线索 = T	1032	63.42962508	100
口碑传播 = T	愉悦感 = T and 认同线索 = T and 知觉感知 = T	830	51.01413645	100
认同线索 = T	愉悦感 = T and 口碑传播 = T	1070	65.76521205	96.44859813
认同线索 = T	愉悦感 = T and 知觉感知 = T and 口碑传播 = T	865	53.16533497	95.95375723
愉悦感 = T	让利价值 = T and 认同线索 = T and 口碑传播 = T	492	30.23970498	95.73170732
认同线索 = T	让利价值 = T and 愉悦感 = T and 口碑传播 = T	493	30.30116779	95.53752535
愉悦感 = T	认同线索 = T and 知觉感知 = T and 口碑传播 = T	871	53.53411186	95.29276693
愉悦感 = T	认同线索 = T and 口碑传播 = T	1083	66.56422864	95.29085873
口碑传播 = T	愉悦感 = T and 知觉感知 = T	919	56.48432698	94.12404788
口碑传播 = T	愉悦感 = T	1141	70.12907191	93.77738826
口碑传播 = T	让利价值 = T and 认同线索 = T	528	32.45236632	93.18181818
口碑传播 = T	让利价值 = T and 愉悦感 = T	533	32.75968039	92.49530957
口碑传播 = T	认同线索 = T and 知觉感知 = T	952	58.51259988	91.49159664
口碑传播 = T	认同线索 = T	1195	73.44806392	90.62761506
认同线索 = T	愉悦感 = T	1141	70.12907191	90.44697634

续表

后项	前项	实例	支持度（%）	置信度（%）
认同线索 = T	愉悦感 = T and 知觉感知 = T	919	56.48432698	90.31556039
愉悦感 = T	让利价值 = T and 认同线索 = T	528	32.45236632	89.20454545
认同线索 = T	让利价值 = T and 愉悦感 = T	533	32.75968039	88.36772983
认同线索 = T	口碑传播 = T	1233	75.78365089	87.83454988
愉悦感 = T	让利价值 = T and 口碑传播 = T	564	34.66502766	87.41134752
认同线索 = T	让利价值 = T and 口碑传播 = T	564	34.66502766	87.23404255
愉悦感 = T	认同线索 = T and 知觉感知 = T	952	58.51259988	87.18487395
愉悦感 = T	口碑传播 = T	1233	75.78365089	86.78021087
愉悦感 = T	认同线索 = T	1195	73.44806392	86.35983264
认同线索 = T	知觉感知 = T and 口碑传播 = T	1009	62.01598033	86.32309217
愉悦感 = T	知觉感知 = T and 口碑传播 = T	1009	62.01598033	85.728444

（1）前项是愉悦感为“T”和后项是口碑传播为“T”的支持度为70.1%，置信度为93.8%，即愉悦感和口碑传播都为“T”的数据占总数据的70.1%，愉悦感为“T”的数据中口碑传播为“T”的概率为93.8%。

（2）前项是认同线索为“T”和后项是口碑传播为“T”的支持度为73.4%，置信度为90.6%，即认同线索和口碑传播都为“T”的数据占总数据的70.1%，认同线索为“T”的数据中口碑传播为“T”的概率为93.8%。

所选取的2条关联数据很好地验证了网络图中指标所形成链接的强弱关系。第1条和第2条分别检验了图10.1中（a）的愉悦感、认同线索可引起顾客对产品的口碑传播。

10.5 本章小结

网购行为作用机制中情景线索作为重要的认知单元，对于电子商务智能平台开发、机器学习算法优化都具有不可忽视的价值，不同情景线索效应下的网购者行为反应对个性化推荐系统的改进也同样重要，捕捉两者的特征及其分类模式促进了本章关联挖掘模型的构建。考虑到个性化推荐中用户情景感知的心理特征、网购者目标导向下的行为反应模式，结合了前期研究成果，以动态演化过程揭示网购情景线索与行为反应的关联模型，丰富了网购行为大数据与心理科学的融合研究。这为个性化推荐策略优化、神经网络预测能力提升提供了重要的依据。

（1）理论意义。

本章研究的理论意义：首先，丰富了前瞻性记忆与回溯记忆理论、计划行为理论、技术接受模型、执行意向理论等在网购行为中的开拓性应用研究，特别是在经典的心理学和消费者行为学研究基础上，创新性地结合了自然语言处理及数据挖掘方法，揭示了动态演化中的网购行为一般规律，这对于多学科交叉研究提供了一种研究范式。其次，研究结果揭示了：①网购认同线索、知觉感知情景线索是最重要的网购者认知情景，它与愉悦感、口碑传播等行为具有高度关联性；②网购细节展示度没有与网购行为反应产生直接关联，但其通过认同线索和知觉感知情景线索作用于网购者愉悦感、口碑传播和行为忠诚等行为反应；③网购情景线索与行为反应的动态演化中其核心结构骨架并没有产生裂变，所有弱链接是通过网购愉悦感、口碑传播、知觉感知和认同线索等强链接形成复杂的关联网络。

（2）局限性及未来研究方向。

本章的研究也存在一定的局限性，具体表现为：首先本章选取的样本来源于淘宝网站上用户的真实反馈，但是却无法排除不同网购平台品牌价值对研究结果的影响，因此，研究结果的推广有待进一步的验证，今后应选取京东、苏宁易购、唯品会等多个平台的样本作进一步的研究。其次，本章虽然采用数据挖掘技术中的关联挖掘的方法建立了关联模型，但是受制于样本和算法的限制，不足以证实所有网购平台中网购情景线索和行为反应的一致性关联关系。因此未来有必要采用实证研究的方式以进一步明确变量间的关联关系。

第11章

基于执行意向理论的网购营销策略案例研究

【本章导读】基于前面章节中情景线索和行为反应关联挖掘演化模型的探究思路，本章探讨了网购情景下的营销策略类型及其理论模型。本章选取小米手机作为研究对象，结果表明：第一，开放式编码和主轴编码分析结果显示网购营销策略类型由62个范畴和17个主范畴构成。第二，选择性编码分析结果揭示网购营销策略类型主要由情景感知策略、传播价值策略、客户增值策略和赢返策略四个方面构成，即网购认知、认可、忠诚和双赢是当前驱动网购行为执行意向的关键营销策略。第三，扎根研究结果通过了理论饱和度检验。最后本章对所得结果进行讨论并指出未来的研究方向。

随着“互联网＋”变革时代的到来，一个由消费者应用场景、大数据和社区化连接共同构成的多维商业形态已形成，而网购行为逐渐成为重要的商业驱动因素，深刻地影响着新商业文明的崛起。尽管电商平台及相关服务提供商采取了多种组合营销策略，以迎合网购行为千变万化的复杂演化机理，但精准营销策略和精准推荐算法仍然是电子商务实现大规模个性化定制的一个“瓶颈”，如何基于网购者前瞻性记忆和回溯记忆的感知特点①②，掌握其营销策略的类型及其细分机制成为越来越紧迫的问题。根据行为执行意向理论，网购行为需要具备情景线索效应、目标导向行为反应及两者的高度关联匹配后得以强化③，这意味着消

① Jonathon, D., Crystal, A., George, W. Prospective Memory: A Comparative Perspective [J]. Behavioural Processes, 2015, 112 (3): 88-99.

② Nash, U., Brittany, D., McMillan, G. A., Brewer, G. J. Spillers. Individual differences in everyday retrospective memory failures [J]. Journal of Applied Research in Memory and Cognition, 2012, 2 (3): 7-13.

③ Sean, M., McCrea, S. L., Penningroth, M. P., Radakovich. Implementation intentions forge a strong cue-response link and boost prospective memory performance [J]. Journal of Cognitive Psychology, 2015, 27 (1): 12-26.

费者行为是在一定的情景线索刺激和合适的行为反应自动匹配后发生作用的。因此，探讨基于行为执行意向理论的网购营销策略研究更有助于我们理解数字化营销、神经营销、大数据营销、移动商务营销等商业策略的精髓，这也对当今企业所面临的关键问题具有重要的理论和实践指导意义。

11.1 理论基础

网购行为执行意向与市场营销理论的关系。网购行为执行意向是指网购者以行动目标为导向，如在炫耀、实用、享乐、自我表露或者体验等目标导向下，通过连接网购情景线索和网购行为反应，建立行为意向和实际网购行为之间联系的中介变量①。它起到了最佳的桥梁作用，建立了意向和实际行为之间的联系②；它通过强化网购者的前瞻性认知记忆来增强个体情景线索识别能力，在一定的情景或回溯记忆等条件刺激下，执行意向被自动、有效并且无意识地启动，从而帮助网购者缩小预定目标和现实目标之间的距离③；它是一种网购行为临界状态，更能预测实际网购行为发生的可能性④。同时，传统的4P（产品、价格、渠道和促销）、4C（消费者、成本、便利和沟通）或4R（关联、反应、关系和报酬）等营销策略在以往的传统业务中奠定了一定的理论基础，这对网购行为执行意向理论具有很大的启示作用。然而，在移动营销等新环境中掌握网购者行为与心理时，传统营销策略面临诸多挑战⑤，如从大众营销策略向个性化营销策略转变的过程中难以把握消费者行为意向突变规律，从而无法精准分析网购行为。因此，传统营销策略必须与网络心理、新媒体营销、大数据营销等当前交叉领域中的热

① 王林，时勘，赵杨．行为执行意向的理论观点及其相关研究［J］．心理科学，2014（4）：875－879.

② Fennis，B. M.，Adriaanse，M. A.，Wolfgang，S.，& Pol，B. Bridging the intention－behavior gap：Inducing implementation intentions through persuasive appeals. Journal of Consumer Psychology，2011，3（7）：302－311.

③ Gollwitzer，P. M.，& Sheeran，P. Self－regulation of consumer decision making and behavior：The role of implementation intentions. Journal of Consumer Psychology，2009（19）：593－607.

④ Hall，P. A.，Zehr，C. E.，Ng，M.，& Zanna，M. P. Implementation intentions for physical activity in supportive and unsupportive environmental conditions：An experimental examination of intention－behavior consistency. Journal of Experimental Social Psychology，2012，48（1）：432－436.

⑤ 杨倩．基于4P、4C理论的网络电视台营销策略研究［D］．华中师范大学，2014.

点知识发现结合起来，才能达到真正洞察网购者的目的①。为此，传统营销策略必须面对网购情景线索纷繁复杂、网购行为反应动态演化多变等现实困境，以网购者为研究对象，根据行为执行意向理论，从网购情景、行为目标导向、具体网购行为反应等视角探究营销策略的类型及细分指标，这对于网购行为的关联挖掘建模、网购行为的机器学习、个性化推荐算法优化及网购群体行为作用机制等方面具有理论和实践价值。

11.2 研究方法

11.2.1 样本选取与数据采集

本章的样本来源于MIUI官方论坛上用户的真实反馈和主流网站的网页新闻报道。为避免样本数据在采集和整理过程中的无效规则及重复抓取，为确保网购行为数据的完整性、连续性和科学性，我们主要采取了如下方法：第一，在采集数据过程中，要求保证样本信息多源分布。MIUI官方论坛是目前小米用户互动交流最活跃的平台之一，本章主要以MIUI官方论坛作为样本信息的主要来源，以百度等主流网站的网页新闻报道作为补充，进而确保样本来源广泛。第二，避免样本信息的选择性偏差。在采集信息过程中，本章主要采集论坛中的精品帖子和浏览量靠前的新闻报道，以确保样本信息的全面客观性。第三，保证样品信息的真实有效性。在信息采集过程中，不得依据自我见解修改样本信息，要真实反映实际信息。第四，在信息筛选过程中，要求保证样本文本信息不重复。在信息整理过程中，需要将重复的、无明确意义的语句排除，避免重复抓取样本数据。

11.2.2 理论抽样

根据以上采集方法的原则，在MIUI官方论坛和百度等主流网站上，以“小米手机的营销策略”“小米营销”等为关键词，研究者共采集到2000条有效文本数据，从中随机抽取100条语句用于检验模型的理论饱和度，剩余1900条语

① 戴丽娜．从营销的终点到营销的起点［D］．复旦大学，2012.

句用于构建模型。在此基础上，利用标注工具对1900条语句进行文本标注，由于部分语句进行标注后非常相似，因此删除了重复的标注语句，最终建立了1869条标注词表。表11.1显示了部分有效样本来源的基本情况。

表11.1 部分有效样本来源及其基本情况示例

来源网	发起人	主题	发起日期	用途
MIUI官方论坛	dj725	小米已经走下坡路，饥渴营销失去新鲜感，用户不再买账	2015/12/31	建模
MIUI官方论坛	sjqfqq	小米的互联网营销模式	2015/12/25	建模
MIUI官方论坛	sky0110	不玩营销玩情怀？小米模式是否已玩完	2015/12/7	建模
百度网页	冯耀宗博客	营销案例：小米的营销之道	2014/11/21	建模
百度网页	hyoop. com	小米的网络营销为什么这么成功	2015/5/20	检验

11.2.3 扎根研究法

本章基于小米手机的营销策略，采用扎根理论的方法，通过对采集到的数据进行分析，进而解释营销策略与网购行为之间的关系。扎根理论是由哥伦比亚大学的斯转兹和格拉斯（Strauss and Glaser）两位学者在1967年提出，是的一种基于定性资料进行自下而上分析的质性研究方法①。它是需要研究者在资料和资料之间、理论和理论之间不断进行对比，然后根据资料与理论之间的相关关系归纳提炼出有关的类属及其属性，并对资料进行逐级编码，最终形成理论框架的方法。将扎根理论应用于网购行为和营销策略的研究，能够更深层次地挖掘营销策略和消费者网购行为之间的相互作用机制。本章将依次采用开放式编码、主轴编码和选择性编码等步骤，对所采集的数据资料进行分析。

① 费小冬．扎根理论研究方法论：要素、研究程序和评判标准［J］．公共行政评论，2008（3）：23－43.

11.3 研究结果

11.3.1 开放式编码

开放式编码是对网络原始语句概念化的过程。本章采用了“网络语句初级指标定义—初级指标合并同类项—开放式编码范畴”的编码方式。编码经过多次分析、修改，最终得到了62个范畴，如表11.2所示。对于“用户凝聚营销”“用户心情营销”等提及频次较低（≤8）的范畴，可以在建模时略去。

表11.2 开放式编码表

ID	范畴	标注（条）	百分比（%）	典型原始资料（初始概念）
No. 1	功能营销	112	5.99	配备了0.3秒快速解锁的指纹识别模块；支持高清语音通话功能……
No. 2	微营销	105	5.62	新一代小米手机登录微信平台销售；通过新浪微博进行营销……
No. 3	使用体验营销	103	5.51	用了红米的手机已经有一年的时间了，感觉用的一切很好……
No. 4	视觉营销	75	4.01	最具设计感的一次；太空银轻薄外观小米平板2开箱图赏……
No. 5	造势营销	68	3.64	全新红米 Note 3 的配置可以堪称强悍……
No. 6	忠诚营销	63	3.37	足够多的忠实用户；MIUI 论坛 App 还为我们带来一些专属福利……
No. 7	活动营销	59	3.16	米粉爱生活“蚩山倒影”——长虫山之行……
No. 8	服务营销	54	2.89	变身米家客服 小米 Note 故障排除总贴……
No. 9	性价比营销	53	2.84	1900元能买到16G的，运存2G的，在国内也只有小米手机了……

续表

ID	范畴	标注（条）	百分比（%）	典型原始资料（初始概念）
No. 10	满意度营销	47	2.51	手机到了，感觉很好，屏幕，响应速度，通话质量都非常令人满意……
No. 11	情感营销	47	2.51	今天远道而来的所有米粉们一样，我想他们爱小米……
No. 12	行业竞争营销	45	2.41	小米手机的性价比远高于其他著名的竞争对手……
No. 13	价格营销	45	2.41	小米4的价格如今也已经降到了1499元，非常值得入手……
No. 14	配置营销	44	2.35	提供400万像素前置＋1300万像素后置摄像头……
No. 15	亲情营销	38	2.03	送给妈妈的，妈妈很喜欢；送丫头的高考礼物……
No. 16	强链接营销	38	2.03	自从米聊推出以后，雷军对移动社交网络是十分看好的……
No. 17	饥饿营销	38	2.03	即使你准备好了，你也有可能买不到；小米手机采用限量供应……
No. 18	福利营销	36	1.93	有机会获得返利大红包；送米粉福利，赢热门演唱会门票……
No. 19	关怀营销	31	1.66	衷心提醒：千万不要自己把图案给忘了哦～……
No. 20	市场定位营销	30	1.61	小米打算把手机卖到非洲；还将把市场进一步扩展到海外地区……
No. 21	存量用户营销	28	1.50	虚拟运营商让你解决月租、流量、电话的资费困扰，……
No. 22	口碑营销	27	1.44	小米第一款手机应该是以赢口碑、创品牌为主要诉求……

续表

ID	范畴	标注（条）	百分比（%）	典型原始资料（初始概念）
No. 23	社区营销	25	1. 34	通过小米社区加入到了小米荣誉顾问团……
No. 24	情怀营销	25	1. 34	在海外创立第一个出色的中国消费品牌……
No. 25	吸引粉丝营销	25	1. 34	需要购买使用的米粉还是准时参与官网的抢购吧，做好准备……
No. 26	人格魅力营销	24	1. 28	小米发布会，最精彩的不是手机，而是雷布斯最后的独白……
No. 27	互联网营销	24	1. 28	小米手机的销售渠道主要以网络作为载体进行 B2C 电子商务销售方式……
No. 28	用户参与营销	24	1. 28	普通用户加入到小米互动开发模式里……
No. 29	质量营销	22	1. 18	小米发布会，最精彩的不是手机，而是雷布斯最后的独白……
No. 30	相关产品营销	22	1. 18	79 元小米手环体验：设计略显简易兼容有待优化……
No. 31	品牌营销	22	1. 18	小米售价提升至 3000 + 是必然的事，也是品牌的象征……
No. 32	创新营销	22	1. 18	千元旗舰：小米首款全金属 + 指纹识别手机……
No. 33	设计营销	21	1. 12	小米 Note 黑色纪念版机身采用了双面曲面玻璃设计……
No. 34	名人效应营销	21	1. 12	小米和歌手张杰跨界合作，首发了小米 Note 黑色纪念版……
No. 35	销量营销	20	1. 07	中国移动 4G 手机销量排名：小米位居国产机第一……

续表

ID	范畴	标注（条）	百分比（%）	典型原始资料（初始概念）
No. 36	粉丝期望营销	20	1.07	希望红米也可以出4.7英寸的；愿小米能创造更好的东西……
No. 37	时间感营销	20	1.07	Windows 10版本（64GB）的小米平板2则将于12月下旬开始销售……
No. 38	自我突破营销	19	1.02	看起来要比之前的小米手机高了一个档次……
No. 39	触觉营销	19	1.02	小米平板2拥有全金属机身；超轻超薄的手感，建议你一定要摸一下……
No. 40	便利营销	19	1.02	我试用了，超级方便；和手机有很好的信息互动……
No. 41	悬念营销	18	0.96	在新品宣传上总是遮遮掩掩，吊足了媒体和“米粉”的胃口……
No. 42	实力营销	18	0.96	它也是全球成长最快的智能手机公司以及最有价值的初创企业……
No. 43	形象营销	18	0.96	小米公司向云南鲁甸地震灾区和台湾高雄燃气爆炸事件受灾民众捐款……
No. 44	技术营销	17	0.91	小米4c在左右两侧屏幕和背盖衔接处加入了传感器……
No. 45	独创性营销	17	0.91	保证了产品和服务所具有的不可替代的独特性……
No. 46	节日营销	16	0.86	我们频道今晚给你“双12”的攻略，让你明天“双12”嗨个够……
No. 47	用户互动营销	15	0.80	有想法来论坛跟大家积极反馈；号召用户参与小米的互动活动……
No. 48	惊喜营销	15	0.80	免费赢双系统刷机神器#小米4#一台，转发随机抽取……

续表

ID	范畴	标注（条）	百分比（%）	典型原始资料（初始概念）
No. 49	网店渠道营销	14	0.75	同时在小米商城、天猫旗舰店有不同的优惠和折扣……
No. 50	人群定位营销	14	0.75	独特的市场定位；低价格高配置的智能手机的定位……
No. 51	礼品营销	14	0.75	将部分小米手机作为员工或消费者的节假日礼品或回馈礼品……
No. 52	产品换代营销	12	0.64	要哭了，唉三个月出了三部，小米4B就算了，还红note3……
No. 53	态度营销	11	0.59	客服问题，我们会尽快地招兵买马，提供给用户更好的服务……
No. 54	粉丝建议营销	11	0.59	这是我向小米公司反映的情况，终于改进了……
No. 55	线下营销	10	0.54	取得了众媒体与手机用户的高度关注；转发用户感兴趣的热点话题……
No. 56	用户关注度营销	10	0.54	取得了众媒体与手机用户的高度关注；转发用户感兴趣的热点话题……
No. 57	售后营销	10	0.54	我们还针对近期部分用户遇到的一些bug进行了修复……
No. 58	粉丝支持营销	10	0.54	支持小米，支持雷总，小米为发烧而生……
No. 59	系统营销	10	0.54	经过四个多月的测试与优化，MIUI7稳定版已经陆续推送OTH更新……
No. 60	App营销	10	0.54	2015小米盒子必备的7大垃圾清理电视HPP推荐!! ……
No. 61	预约营销	10	0.54	网络预订，排队买米……
No. 62	产品升级营销	9	0.48	全网通版机型升级为全网通2.0……

11.3.2　主轴编码

根据文献资料以及原始语句所体现的内容，研究者对“对应范畴”的内容进行了科学定义，并归纳为17个主范畴，它们分别是：渲染式营销、产品个性营销、差异化营销、体验式营销、情怀营销、预售营销、标杆营销、性价比营销、口碑营销、魅力权威营销、迭代式营销、全渠道营销、关联营销、互惠式营销、粉丝营销、服务意向营销、忠诚依赖营销。这些主范畴之间也存在内部的联系，在进一步分析之后，这些主范畴可以归纳出网购营销策略的4个类型，即：网购情景感知式营销策略、网购价值传播式营销策略、网购客户增值式营销策略、客户保持与赢返式营销策略。最后通过归纳整理，得到表11.3。

表11.3　　主轴编码形成的主范畴

<table>
<tr><th>营销策略类型</th><th>主范畴</th><th>对应范畴</th><th>范畴的含义</th></tr>
<tr><td rowspan="9">网购情景感知式营销策略</td><td rowspan="6">渲染式营销</td><td>节日营销</td><td>利用一些特殊的日子，通过大幅度的宣传来进行营销</td></tr>
<tr><td>时间感营销</td><td>渲染手机产品运行速度之快或产品活动时间之紧促，以提高大众对该产品或活动时间感知的灵敏度</td></tr>
<tr><td>吸引粉丝营销</td><td>通过吸引更多的粉丝来购买或宣传，借米粉的力量来营销的策略</td></tr>
<tr><td>销量营销</td><td>企业通过宣传一定时期内实际销售出去的产品数量来增加产品质量的可信度，从而吸引更多消费者的营销策略</td></tr>
<tr><td>悬念营销</td><td>利用客户对未知的发展变化所持的一种急切期待的心情进行营销</td></tr>
<tr><td>造势营销</td><td>制造事件，通过大众传播媒介的报道，形成声势，进而推广产品的营销方法</td></tr>
<tr><td rowspan="3">产品个性营销</td><td>便利营销</td><td>通过产品的携带、使用、支付时的方便快捷感进行营销</td></tr>
<tr><td>功能营销</td><td>通过小米手机的功能性质调动销售量的营销方法</td></tr>
<tr><td>创新营销</td><td>企业观念、产品、组织文化和技术等不同于常规之处的营销方法</td></tr>
</table>

续表

营销策略类型	主范畴	对应范畴	范畴的含义
网购情景感知式营销策略	产品个性营销	触觉营销	借助用户对产品使用过程中的手感等触觉感知效果进行营销
		技术营销	以技术为手段、方法对产品、营销渠道、品牌传播、售后服务、消费者培育、市场开拓等进行的一系列营销创新和变革活动
		配置营销	小米手机通过配备布置的完善进而推广产品的营销方法
		设计营销	通过产品自身的外观、工艺、细节等的设计方法与设计效果进行营销
		视觉营销	对消费者产生视觉冲击的营销手段
		质量营销	通过优化产品的材质和提高产品的耐用程度等质量水平进行营销
	差异化营销	实力营销	利用公司的经济、销量、技术等方面的优越性作为宣传内容，提高公司在客户心中的地位的营销方法
		市场定位营销	企业及产品确定在目标市场上所处的位置的营销
	体验式营销	满意度营销	以顾客满意为指针，考虑消费者需求的营销方式
		使用体验营销	通过顾客使用、参与的手段，充分刺激和调动其他消费者的感官、情感、思考、行动、联想的营销方法
	情怀营销	情感营销	是把消费者个人情感差异和需求作为情感营销核心，通过借助情感包装、情感设计等手段促使消费者购买的营销方法
		情怀营销	通过宣传企业文化及人文思想来吸引消费者购买的策略
	预售营销	饥饿营销	商品提供者有意调低产量，以期达到调控供求关系、制造供不应求“假象”、以维护产品形象并维持商品较高售价和利润率的营销策略
		预约营销	对产品进行提前预约的销售方法

续表

营销策略类型	主范畴	对应范畴	范畴的含义
网购价值传播式营销策略	标杆营销	行业竞争营销	将小米手机与竞争对手的产品在实际功能、质量等方面对比进行产品推销的营销方法
		自我突破营销	将产品进行自我比较并突破优化的方法
	性价比营销	价格营销	通过适当降低产品价格刺激市场销售的营销方法
		性价比营销	小米手机以高性能、低价格的性能价格比吸引消费者的营销手段
	口碑形象营销	独创性营销	利用自己产品与其他同类产品不同的地方进行营销
		口碑营销	企业在品牌建立过程中，通过客户间的相互交流将自己的产品信息或者品牌传播开来的营销方式
		品牌营销	把企业的形象、知名度、品牌理念、品牌标志等展示给消费者或者顾客从而在顾客和消费者的心目中形成对企业的产品品牌的认可
		形象营销	基于公众评价的市场营销活动，就是企业在市场竞争中，为实现企业的目标，通过与现实已经发生和潜在可能发生利益关系的公众群体进行传播和沟通，使其对企业营销形成认知，从而建立企业营销形象基础，形成企业营销宽松的社会环境的管理活动过程
	魅力权威营销	互联网营销	以国际互联网络为基础，利用数字化的信息和网络媒体的交互性来实现营销目标的一种新型的市场营销方式
		名人效应营销	借助产品相关的名人的出现所达成的引人注意、强化事物、扩大影响的效应进行营销
		人格魅力营销	领导者凭借自身性格、气质、能力、道德品质等方面具有的吸引人的力量吸引消费者关注，从而进行产品营销
		微营销	通过社会化网络—社区—微博—微信—论坛等协作平台媒体进行产品推广的营销方法
		社区营销	企业通过在网上自己的社区内更新一些信息，宣传一些活动来向社区内及外界传递品牌信息的营销策略

续表

营销策略类型	主范畴	对应范畴	范畴的含义
网购客户增值式营销策略	迭代式营销	产品升级营销	产品机型升级的营销方法
		产品换代营销	通过发布新一代型号的同品牌产品引起大众关注、刺激其购买欲望的营销方法
	全渠道营销	网店营销	网上开店铺并采取促销方式吸引顾客的营销手法
		线下营销	通过非线上吸引用户的方式实现营销的手法
	关联营销	相关产品营销	通过宣传小米手机的配套产品以及小米电视、小米平板等小米相关产品以实现产品的全方位营销
		系统营销	利用产品内部系统优化、升级的营销方法
		App 营销	是通过产品上运行的应用程序来开展的营销活动
客户保持与赢返式营销策略	互惠式营销	福利营销	通过线上或线下活动，给用户一定的减免或赠送一些礼物的回馈营销
		惊喜营销	在没有事先预知的情况下，给客户提供一些优惠和礼物的营销方法
		礼品营销	在用户购买产品的时候附带赠送其他物件，进而拉拢用户的营销方法
	粉丝营销	粉丝期望营销	企业通过迎合粉丝对企业发展及其产品更新、优化的期望进行营销
		粉丝建议营销	把粉丝作为组织的一部分，把组织的发展和粉丝结合在一起，通过让粉丝提供建议，使粉丝更加忠诚的营销
		粉丝支持营销	通过获取粉丝的在行为和心理上的支持进行营销活动
		活动营销	举办活动吸引消费者的营销方式
	服务意向营销	服务营销	是为充分满足消费者需要在营销过程中所采取的一系列活动

续表

营销策略类型	主范畴	对应范畴	范畴的含义
客户保持与赢返式营销策略	服务意向营销	关怀营销	关心用户的感受，帮助用户解决困难，将用户视为朋友的营销方式
		售后营销	通过在商品出售以后所提供的各种服务活动进行的营销活动
		态度营销	通过公司人员对用户、粉丝的友好感情倾向，留住用户和粉丝的行为
	忠诚依赖营销	用户参与营销	企业为用户提供机会，使其通过信息共享、表达服务诉求、承担一定责任、与企业进行互动等方式参与到产品过程的各层面
		亲情营销	通过消费者将产品推销给亲人的方式增加销售量的营销方法
		强链接营销	在朋友圈或家庭圈内赠送或买给其他人的营销方式
		互动营销	让用户进行使用反馈，增加用户参与感的方式进行营销
		人群定位营销	划定销售人群进行销售的营销方法
		关注度营销	通过用户对于该品牌的点击率间接吸引其他客户的营销方法
		存量用户营销	以用户为中心，通过满足用户的需求并利用存量客户信息，为增加存量客户的购买支出和提升客户价值，而进行的一种主动营销方式
		忠诚营销	以培养顾客的忠诚度作为主要诉求点，不仅仅将顾客的需求作为营销侧重点，而是在满足顾客需求的同时，进一步让顾客在自己的产品上产生一种习惯和感情

11.3.3 选择性编码

选择性编码的目的是从主范畴中挖掘核心范畴，深入讨论核心范畴与主范畴及其他范畴的关系，并用故事线的形式描述整体的现象或事件。经过对主轴编码形成的17个联系类别进行深入研究、建立关系[①]，选择性编码环节提炼出网购情景感知式营销策略、网购价值传播式营销策略、网购客户增值式营销策略、客户保持与赢返式营销策略这四大线索，将其与核心范畴——网购行为执行意向相联系，形成“（受众）认知——（客户）认可——（用户）忠诚——（企业用户）双赢”的营销策略逻辑模型。从大众对企业及其产品的认知、认可到客户的忠诚再到企业与客户的双赢，企业的四大营销策略及消费者的产品情感投入逐步深化，共同推动小米整体营销策略的形成。

小米手机营销策略模型如图11.1所示。

（1）网购情景感知式营销策略。

网购情景感知式营销策略包括渲染式营销、产品个性营销、差异化营销、体验式营销、情怀营销、预售营销。网购情景感知营销旨在通过塑造特定的情境与环境使受众切身感知网购小米产品时的情景体验，从而达到营销目的。

①渲染式营销。小米企业和商家借助节日气氛、制造悬念、造势等方法为产品的销售渲染浓烈的氛围，创造网购的有利情景。例如，“小米公司和微软公司共同开启小米手机4的Windows 10预览体验计划［5—1—1 造势营销］”“（红米）note2‘双十一’购买的650也挺超值的［46—1—1 节日营销］”。

②产品个性营销。小米手机宣传其外观、配置、功能、构造等独特设计，不少消费者也评价其使用的小米手机产品质量良好、功能齐全、造型别致，给消费者带来了视觉享受和良好的手感体验。产品个性是品牌着重突出的与众不同之处，更是与同类品牌竞争的亮点。以产品个性为出发点的营销策略有利于大众形成对相应产品的良好感知。例如，“小米4c的屏幕经过了重新的设计，在手机屏和背盖衔接处加入了传感器，因此可以感应到用户的操作指令从而实现‘边缘触控’动作［1—2—1 功能营销］”“指纹识别，指纹这个意义重大［1—2—1 功能营销］”“外形很漂亮，之所以买这款机子，主要是被外形迷惑了［4—2—1 视觉营销］”。

---

① 王璐，高鹏．扎根理论及其在管理学研究中的应用问题探讨［J］．外国经济与管理，2010（12）：10－18.

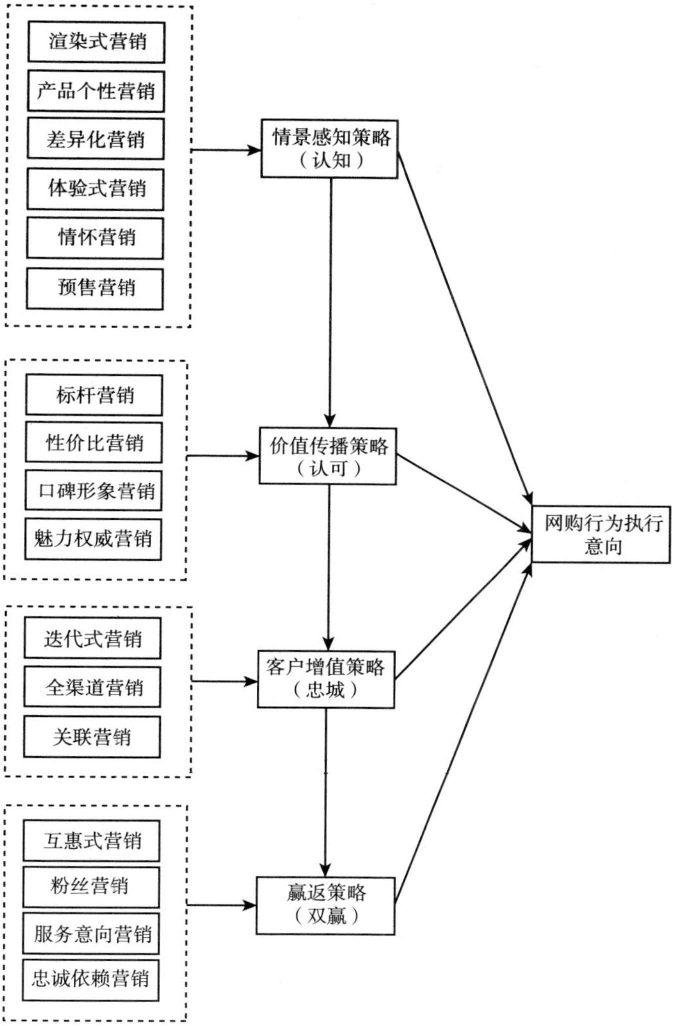

图 11.1　小米手机营销策略模型

③差异化营销。企业将自身不断增长的实力与竞争者进行比较，留给大众实力雄厚、值得信赖的印象；同时，企业针对差异性的市场人群进行市场定位，因人而异设计、生产、销售具有针对性的差异化产品，并在全球不同地区进行具有针对性的市场营销。例如，“它也是全球成长最快的智能手机公司以及最有价值的初创企业［42—3—1 实力营销］”“从产品的定位：从‘为发烧而生’到现在小米推出粉色板的女神手机［20—3—1 市场定位营销］”“一招鲜没法吃遍天，

小米手机改变策略进军非洲［22—3—1 市场定位营销］”。

④体验式营销。消费者在体验产品的过程中产生使用感受，形成对产品的认知。企业通过用户体验的方式接受用户对产品的认知反馈，根据反馈改善网购情景的营造，使之更利于让消费者对企业产品进行购买。例如，“5.5 英寸的大屏幕视觉效果太好［3—4—1 使用体验营销］”“物美价廉，手机还是不错的，满意。［10—4—1 满意度营销］”。

⑤情怀营销。企业抓住大众的心理特征，传播企业理念、领导者价值观，抒发个人情怀和理想，引起大众的情感共鸣或欣赏，受众从中感知网购情景，认识产品文化。例如，“我们对于用户流量的需求就犹如血液之于人体［11—5—1 情感营销］”“雷军：不想做手机公司想做的是小米生活［24—5—1 情怀营销］”。

⑥预售营销。消费者在产品预售的情境下，在网购时会有一种时间上的紧迫感，产生抢先一步购买的欲望。这也即对产品购买时间情景的认知。例如，“即使你准备好了，你也有可能买不到［17—6—1 饥饿营销］”。

（2）网购价值传播式营销策略。

网购价值传播式营销策略包括标杆营销、性价比营销、口碑形象营销、魅力权威营销。企业通过良好的组织价值观和产品价值的传播，使顾客迅速了解并认可企业形象及企业产品。

①标杆营销。企业在同行业的竞争中，通过了解用户对其品牌与其他品牌产品的比较评价，有针对性地为自身树立标杆形象，体现其独特价值。例如，“跟 OPPOR7 电池差不多。但是性能比 OPPO 好多了［12—7—2 行业竞争营销］”。

②性价比营销。本次扎根理论研究发现，多数用户认为小米手机性价比高于其他品牌手机，并对其性价比价值产生深刻认同。例如，打出了“高配置低价格的高性价比［9—8—2 性价比营销］”“小米 4 的价格如今也已经降到了 1499 元，非常值得入手［13—8—2 价格营销］”。

③口碑形象营销。企业通过一些行动树立自身的良好形象使大众认可，并通过口碑的传播提高其影响力和知名度，例如，“小米公司宣布向云南鲁甸 6.5 级地震灾区和台湾高雄燃气爆炸事件受灾民众捐款［43—9—2 形象营销］”。

④魅力权威营销。企业领导者和产品代言人 等相关人士的个人魅力同样推动客户价值传播，企业以客户“爱屋及乌”的心理为出发点，进一步深化客户对其产品的认可。例如，“雷军：习总书记试骑小米平衡车 我很紧张［34—10—2 名人效应营销］”“雷军在新浪微博（Weibo）拥有大量粉丝［26—10—2 人格魅力营销］”。

（3）网购客户增值式营销策略。

网购客户增值式营销策略包括迭代式营销、全渠道营销和关联营销。客户增值式营销策略有利于培养用户对企业产品的忠诚度。

①迭代式营销。用户认为，企业频率适度地进行产品升级换代有利于提高其对产品的忠诚度；过快的产品换代容易伤害用户对产品的情感和信赖。例如，“要哭了，三个月出了三部，小米4B就算了，还有红note3［52—11—3 产品换代营销］”。

②全渠道营销。多元化的线上、线下销售和购买渠道为客户了解和购买产品提供了便利，促进了客户增值。例如，“同时在小米商城、天猫旗舰店有不同的优惠和折扣［49—12—3 网店渠道营销］”“小米改变营销策略，在印度开启其线下营销模式［55—12—3 线下营销］”。

③关联营销。企业手机配套产品及企业品牌下的其他种类产品为小米用户提供了多种购买选择，延长了产业价值链，提高了用户对同品牌其他产品的忠诚度。例如，“79元小米手环体验：设计略显简易 兼容有待优化［30—13—3 相关产品营销］”“这次小米铁圈耳机的发布，让我有了换耳机打算，没想到社区就给了我这次机会，想来还真是幸运［30—13—3 相关产品营销］”。

（4）客户保持与赢返式营销策略。

客户保持与赢返式营销策略包括互惠式营销、粉丝营销、服务意向营销、忠诚依赖营销。此种营销策略是在培养忠诚用户的基础上实现用户与商家的互动、互利、互惠，推动企业的成长，并将企业的受益结果以优惠利益形式反馈给客户，从而达到企业与客户双赢的效果。

①互惠式营销。在企业与客户的交易过程中，利益价值并非单向流动，双方还可以通过互惠的方式实现共赢。例如，“购买指定产品，还有机会获得返利大红包［18—14—4 福利营销］”“送米粉福利，赢热门演唱会门票（演出城市：上海）［18—14—4 福利营销］”。

②粉丝营销。粉丝从各种活动中强化“米粉”组织的归属感，形成粉丝之间的互动，维持并深化客户关系。“米粉”与商家之间良性互动，商家从粉丝中获取其对理想产品的期待和建议，从而有效地进行产品研发和销售。例如，“10月30日下午小米金街，开启淘金新世界活动盛大举行，小米时代营销中心内热闹非凡，在外场更是座无虚席［7—15—4 活动营销］”“这是我向小米公司反映的情况，终于改进了［54—15—4 粉丝建议营销］”。

③服务意向营销。企业销售的不仅仅是产品，更是伴随产品的服务。随着用户情感要求的提高和行业竞争的加剧，企业通过加强服务来赢取顾客的满意，留住客户。例如，“我们和几十家合作伙伴进行数据合作，就是希望把数据做到全面、准确［19—16—4 关怀营销］”“如果用户希望更换版本或颜色，大家也可

以和小米客服直接联系：400－100－5678［8—16—4 服务营销］”。

④忠诚依赖营销。企业捕捉用户心理、迎合用户兴趣，与用户形成互动与沟通；用户从不断优化的产品中获得满意的使用体验，忠诚依赖得以强化，通过人际关系进行产品推荐，扩大产品市场，打造企业与用户双方共赢局面。例如，“你最期待指纹识别支持的下一个应用场景是什么？快点告诉我们吧［28—17—4 用户参与营销］”“通过了解用户的生活方式，构建起的持续交易关系使小米拥有得天独厚的竞争优势［6—17—4 忠诚营销］”“给老妈当老人机用，很好用［15—17—4 亲情营销］”。

11.3.4 理论饱和度检验

对之前预留的100条评论进行理论饱和度检验，如果通过这100条评论的分析不能获取新的范畴，则可以判定我们建立的模型是饱和的。通过分析，我们没有发现新的范畴和关系。以下选取5条评论作为检验示例。

（1）0.3秒极速［37—1—1 时间感营销］解锁让人爱不释手［11—5—1 情感营销］。

（2）大家好［53—16—4 态度营销］，再过几个小时［37—1—1 时间感营销］，全国人民喜闻乐见［11—5—1 情感营销］，商家弹冠相庆，钱包闻风丧胆的剁手大会［5—1—1 造势营销］，也就是俗称的双十一［46—1—1 节日营销］就要到了。

（3）为了匹配女神版［20—3—1 市场定位营销］的小米 Note，设计师们特意精心制作［8—16—4 服务营销］了女神版的 MIUI 7 系统 UI［59—13—3 系统营销］。

（4）感谢大家［53—16—4 态度营销］对 MIUI 一直以来的支持和理解［58—15—4 粉丝支持营销］，不管是 Bug 还是功能建议［54—15—4 粉丝建议营销］，大家都很积极［10—4—1 满意度营销］地向我们反馈［28—17—4 用户参与营销］。

（5）是送给爸爸的［15—17—4 亲情营销］，他很喜欢［10—4—1 满意度营销］，屏幕大［14—2—1 配置营销］，很适合他用［3—4—1 使用体验营销］。

不仅如此，为了进一步检验模型的理论饱和度，我们在 MIUI 论坛等其他网站又随机抽取了50条网络原始语句。通过逐一的编码和分析，并未在新数据集中发现新的范畴和关系，由此可基本判定本章所构建的理论模型是饱和的。

11.4 本章小结

基于行为执行意向理论的营销策略研究既是对传统营销策略的完善，又是对当今大数据时代消费者倒逼营销、销售、制造、研发等环节的理论重构。以消费者为中心的营销策略正是当前电商企业转型升级的重点，本章考虑到网购者面临的复杂情景感知线索、海量产品属性选择困境等现状，纳入了产品个性化营销、关联营销等策略，深入探究了传统营销策略的细分领域和社交新主张，丰富了网购营销策略从产品导向转型为客户个性化导向的理论模型。这为个性化推荐系统设计、网购者行为关联模型构建、网购应用场景的广告设计等提供了重要的依据。

（1）理论意义。

本章研究的理论意义：首先，通过扎根理论法丰富和细化了原有营销策略的不足，以客户视角探讨了网购行为的全过程，即从认知、认可、忠诚、双赢的逻辑过程层层分析和归纳，从而得出网购营销策略理论模型。其次，研究结果揭示了：第一，开放式编码和主轴编码分析结果显示网购营销策略类型由 62 个范畴和 17 个主范畴构成；第二，选择性编码分析结果揭示网购营销策略类型主要由情景感知策略、传播价值策略、客户增值策略和赢返策略四个方面构成；第三，扎根研究结果通过了理论饱和度检验。最后，本章的另一个贡献是为网购行为的机器学习提供了前置策略。这对于我们理解网购营销策略如何驱动实际网购行为具有重要的意义。因此，未来相关研究可以进一步通过实证研究验证本章的营销策略模型，在此基础上进行网购行为关联模型和神经网络预测模型的构建，从而系统性地构建网购者行为感知与预测系统，为“预判发货”等先进理念提供理论支撑。

（2）局限性及未来研究方向。

本章的研究也存在一定的局限性，具体表现为：首先，本章选取的样本是小米手机 MIUI 官方论坛上用户的真实反馈和主流网站的网页新闻报道，但是却无法排除竞争对手的营销策略对研究结果的影响，因此，研究结果的推广有待进一步的验证，今后应选取更多品牌手机的样本作进一步的研究。其次，本章虽然采用扎根理论的方法构建了营销策略模型，但是网购行为并不是静态而是动态演化，这还需要进一步探究营销策略模型的柔性。因此未来有必要采用实证研究的方式以进一步明确本章提出的营销策略之间的关系。

第12章

结论与展望

12.1 结论

本书对网购行为执行意向相关子课题进行了深入研究，得到如下重要结论：

第一，依据扎根理论研究获得网购主题的主要文献类型。12 个主范畴组成了网购主题研究的类型，其概括了以网购为主题的研究范围，即对网购的产生、发展及所处的市场、法律环境等进行研究；以消费者的角度研究，如消费者对网购风险的感知分析、网购行为影响因素、忠诚度及其影响因素分析等；以企业的角度研究，如相应的营销策略、售后服务、体验理论的应用等；通过对主范畴的进一步挖掘，提炼出四个主题研究类型，即价值挖掘、外部生态、网购安全、顾客忠诚。

第二，网购行为执行意向由七个不同维度构成，分别为活动评价、安全保障、网购体验、经验分享、信息价值、渠道成本、个性化推荐。这对于移动互联网背景下电商平台综合营销、网购行为预测和个性化营销方案的制定起到指导作用；个性化推荐、活动评价和网购经验分享是网购行为执行意向的重要中介变量，在社会化媒体营销中应通过人际网络强化其桥梁作用，使这些中介变量能真正成为驱动网购行为的结构洞，连接更多的网购群体及社团，设计精准化智能推荐系统、网购客户细分标准。

第三，运用扎根理论法和社会网络分析法综合得出网购情景线索类型及其关系。(1) 网购情景线索由 13 个主范畴构成，分别是让利价值、客户资产、客户价值、知觉感知、情感体验、质量标准、安全线索、时空信息、支付信息、细节展示度、服务驱动、认同线索和依赖线索；(2) 进一步挖掘主范畴关系结构，发现网购情景线索的5个主要类型，即价值感知线索、知觉情景线索、质量安全线索、信息驱动线索和认同依赖线索，并分析得出网购情景线索的作用模型；（3）通过语义网络分析法对网购情景线索的类型及其作用机制进行了初步验证。

第四，通过数据采集和开放式编码对图文描述情景线索进行了深入研究，得出15个情景线索，丰富了图文描述中情景线索对网购消费者行为意向的影响的研究。

第五，利用文本挖掘技术和社会网络分析方法对网购评论行为反应模式进行了初步探索，获得了如下结论：（1）驱动网购评论行为的因素由大到小的顺序依次为网购体验、感觉与知觉、商品细节、包装品质、时间感知、色彩偏好、空间转移、价值让渡、人际网络、口碑传播、环境感知、情绪反应和决策行为等；（2）发现网购评论的三大依存关系为核心依存、中间依存和边缘依存关系；（3）基本网购体现为实用、享乐、速度、社交、让利、炫耀、情感、忠诚、分享、推荐和认同等目标导向行为，以及在其刺激下表现为愉悦感、恐惧感、情绪起伏、行为忠诚、口碑传播、抱怨、焦虑、紧张等网购行为反应；（4）网购评论行为反应呈现六个主要过程及相应转化成果。

第六，探索了网购行为执行意向的作用机制。情景线索作为重要的认知单元，对于电子商务智能平台开发、机器学习算法优化都具有不可忽视的价值，不同情景线索效应下的网购者行为反应对个性化推荐系统的改进也同样重要，捕捉两者的特征及其分类模式促进了本书关联挖掘模型的构建。

第七，基于行为执行意向理论的营销策略研究既是对传统营销策略的完善，又是对当今大数据时代消费者倒逼营销、销售、制造、研发等环节的理论重构。以消费者为中心的营销策略正是当前电商企业转型升级的重点，考虑到网购者面临的复杂情景感知线索、海量产品属性选择困境等现状，纳入了产品个性化营销、关联营销等策略，深入探究了传统营销策略的细分领域和社交新主张，丰富了网购营销策略从产品导向转型为客户个性化导向的理论模型。这为个性化推荐系统设计、网购者行为关联模型构建、网购应用场景的广告设计等提供了重要的依据。

12.2 研究创新点

第一，在大数据和移动互联网时代，将会有越来越多的网购行为数据，传统的市场营销理论很难解释复杂的网购行为，而未来网购行为执行意向理论将建立在大数据综合网购搜索行为指数、地理位置服务模式、O2O 商务模式和移动商务模式基础之上，这将大大提升网购营销效率与效果。本书在研究过程中结合传统实证方法和大数据分析方法，根据研究对象及问题，由浅入深地对网购行为执行意向中的情景线索及行为反应模式进行了多视角探索，奠定了良好的前期基础。未来无论网购平台如何整合，传统企业必将利用互联网思维拓展其业务范围，社会化媒体营销将是企业营销策略的有力工具，网购行为执行意向理论将对这些实践起到关键的指导作用。

第二，依托各大网购平台及网购者，从多种视角探讨了网购行为执行意向目标的实现路径和演化规律。这些研究新视角对于改进网购平台的营销策略、增强客户服务、满足网购情感需求等方面将起到优化和指导作用。

第三，本书研究更加注重网购行为的情景性，研究也比以往更加细化、更能对实践产生引导作用。研究发现，与以往实证研究结果相比，更加关注影响网购者的宏观和微观情景因素，已细化到以顾客为中心的情景线索效应，突破了以往从宏观信息生态环境、商品类型等视角研究网购者的购买意愿，本书得出的网购情景线索主要类型及其主范畴等研究成果为优化网络营销策略、改善客户关系管理系统、建设智慧型网购平台与智能推荐系统提供了一定的理论指导与参考价值。

第四，结合了前期研究成果，以动态演化过程揭示网购情景线索与行为反应的关联模型，丰富了网购行为大数据与心理科学的融合研究。这为个性化推荐策略优化、神经网络预测能力提升提供了重要的依据。

12.3 研究局限

本书虽然从多个方面对网购行为及其执行意向的相关研究进行了梳理，但仍然不可避免地存在一些不足。

（1）执行意向在国外的研究主要集中在一些学者中，许多学者（如 Gollwitzer、Webb）连续多年的研究视角引领了大部分学者对执行意向的应用研究，甚至形成一种固定的研究范式，难免有缺乏创新精神与思想雷同的弊端。本书也很难超越目前的研究高度，因为执行意向的研究成果还不够丰富。

（2）中国情景下的执行意向研究比较缺乏，大多数研究也是借鉴国外学者的研究成果。本书对中国情景下的执行意向研究综述略有概括，可能会遗漏一些重要的发现。

（3）本书虽已涵盖中国范围内的网购主题文献，但对外文的研究不够详尽，希望在以后的研究中，扩展文献资源，以对本书获得的理论模型进一步完善和改进。

（4）在选择研究对象方面，有些章节主要研究对象为大学生，这一样本群体虽然在电子商务方面具有一定的代表性，但为了更好地服务于网购消费者的研究，应丰富样本类型。

（5）由于缺乏验证，关于网购情景线索类型及其作用机制等结论是否具有普遍性问题有待在更多网购平台、更多品类的网购活动中持续验证，还需进一步研究。

（6）本书在阐述图文描述情景线索对网购执行意向影响的实证研究过程中，被试的样本不够多，使得结论可能不能适用于全体人群，部分结论会有所偏差；另外，本书虽然采用 K－means 聚类分析的方式分析结果，但算法本身具有局限性，可能会影响分析结果；本书研究虽然采用数据挖掘技术中的关联挖掘的方法建立了关联模型，但是受制于样本和算法的限制，不足以证实所有网购平台中网购情景线索和行为反应的一致性关联关系。因此未来有必要采用实证研究的方式以进一步明确变量间的关联关系。

（7）本书研究主题的选择比较单一，未能涵盖大部分网购商品评论的数据采集，将来可尝试多品类网购评论专题研究与综合比较研究相结合的方法，进一步深入探索网购行为动态演化机理。

12.4 未来研究方向

（1）执行意向是行为科学领域一个特别重要的变量，理论成果还不是很丰富，应引起重视。执行意向的“如果”和“那么”成分连接着认知记忆和行动目标，未来研究应重点挖掘“如果”成分，如通过实验室研究法对行为执行意向的情景线索进行分类，探索是否存在不同情景线索下对执行意向目标导向反应的调节或中介变量，系统梳理行为执行意向的情景线索特征。

（2）应持续研究执行意向的目标导向反应，即“那么”成分的心理作用机制。①进一步探索这两个成分是如何进行自动连接并促使个体实际行为的；②利用先进的计算机仿真技术，将情景线索和目标导向反应进行有效关联，进一步验证哪些情景线索和目标导向反应匹配性最强，总结情景线索的前因变量和目标导向的结果，进一步为实证研究打下基础。

（3）未来将在网络舆情预警、社会语义网络、网购行为、救援行为、志愿者服务行为、体育运动行为、健康饮食行为、学生学习行为、企业绩效驱动行为等领域展开执行意向的研究，细化执行意向在不同研究领域的分支和个性特征，进一步总结执行意向的共性情景线索、目标导向反应，同时分类挖掘执行意向的个性情景线索和目标导向反应特征。通过系统推进执行意向研究，建立不同学科领域独具特色的执行意向理论框架，以更加有效地指导实践。

（4）进一步以编制网购情景线索作用机制量表、编写计算机仿真程序等方式继续探索网购情景线索其他类型及其动态演化规律，并拟将所得结果来验证此次扎根理论初步探索结论的适宜性问题。

附　录

附录1　网购行为执行意向调查问卷

欢迎您参加这项有关网购行为的调查，您的回答对于我们改善网购平台商业模式、提供精准营销策略具有重要的作用。我们保证对您的答卷予以保密。所得数据仅以整体的方式进行分析和科学研究之用，请不要有任何顾虑。谢谢您的大力支持。

第一部分：网购经历调查

请您据真实经历和感受对下列项目进行评价（若无相关网购经历不用填写）：

1. 您最喜欢登录的购物网站是：
A. 苏宁易购　B. 淘宝　C. 天猫　D. 易迅　E. 京东　F. 当当　G. 亚马逊　H. 其他（请注明）：____________

2. 最近一次网购的时间距离现在大概有：
A. 5 天以内　B. 5 ~ 10 天　C. 11 ~ 15 天　D. 16 ~ 20 天　E. 21 ~ 30 天　F. 30 天以上

3. 近半年以来，您通过该类购物网站购买商品的次数：
A. 1 次　B. 2 ~ 3 次　C. 4 ~ 5 次　D. 6 ~ 7 次　E. 8 次及以上

4. 您每周浏览该购物网站的时间是：
A. 1 小时以下　B. 2 ~ 3 小时　C. 4 ~ 5 小时　D. 6 ~ 7 小时　E. 8 小时及以上

5. 过去 6 个月，您每月网购的平均消费金额大致在：
A. 100 元以下　B. 101 ~ 200 元　C. 201 ~ 500 元　D. 501 ~ 1000 元　E. 1000 元以上

续表

6. 您网购的产品类型有：【可多选】 A. 音像制品 B. 服装鞋帽 C. 软件 D. 电脑产品 E. 礼品玩具 F. 游戏点卡 G. 通信产品 H. 化妆品 I. 首饰配件 J. 数码产品 K. 书籍报刊 L. 充值服务 M. 办公用品 N. 其他（请注明）：________________
7. 选择网上购物，您主要的动力是什么？【可多选，最多选 3 项】 A. 方便快捷 B. 价格实惠 C. 商品种类丰富 D. 时尚新颖 E. 参考信息全面 F. 产品描述详尽 G. 其他（请注明）：________

第二部分 网购行为执行意向

本部分主要了解你的网购行为执行意向。	非常不同意	比较不同意	有点不同意	不能确定	有点同意	比较同意	非常同意
1. 如果网上产品或服务让我感到十分好奇，那么我会参与网购活动	1	2	3	4	5	6	7
2. 如果网上看到自己感兴趣的东西，那么我将通过网购获得	1	2	3	4	5	6	7
3. 如果网购产品能获得线下产品活动聚集机会，那么我会尽力网购	1	2	3	4	5	6	7
4. 如果看到网购经验分享，那么我会通过网购发表评论进行分享交流	1	2	3	4	5	6	7
5. 如果其他网购平台搞活动，那么我会坚守自己信赖的网购平台	1	2	3	4	5	6	7
6. 如果选择购物渠道，那么我将优先选择自己喜欢的网站进行购物	1	2	3	4	5	6	7
7. 如果网上有优惠活动，那么我会立马去网购	1	2	3	4	5	6	7
8. 如果购买线下产品费用很贵，那么我会选择网购以节约费用	1	2	3	4	5	6	7

续表

本部分主要了解你的网购行为执行意向。	非常不同意	比较不同意	有点不同意	不能确定	有点同意	比较同意	非常同意
9. 如果我与网店商家沟通良好，那么我会持续网购	1	2	3	4	5	6	7
10. 如果网上产品足够时尚、个性，那么我会立即下单购买	1	2	3	4	5	6	7
11. 如果自己所购产品在网上品种丰富，那么我会比较后进行网购	1	2	3	4	5	6	7
12. 如果网上有打折产品，那么我毫不犹豫进行网购	1	2	3	4	5	6	7
13. 如果网上商品有更多附加值，那么我会感到物有所值而决定网购它	1	2	3	4	5	6	7
14. 如果网上搞赠品活动，那么即使多花钱进行网购也要得到它	1	2	3	4	5	6	7
15. 如果网上搞抽奖活动，那么我会购买更多东西以获得抽奖机会	1	2	3	4	5	6	7
16. 如果网上搞积分活动，那么我会频繁网购以累积增加积分	1	2	3	4	5	6	7
17. 如果网上多家商家搞联合促销，那么我会抓住机会购买更多商品	1	2	3	4	5	6	7
18. 如果看到好的购物评价，那么我毫不迟疑选择网购该商品	1	2	3	4	5	6	7
19. 如果熟人推荐网购商品，那么我会迅速下单网购它	1	2	3	4	5	6	7
20. 如果微博、微信热议某商品，那么我会搜索比较该商品的更多信息	1	2	3	4	5	6	7
21. 如果网上产品有质量保证协议，那么我将不会错过此次网购机会	1	2	3	4	5	6	7

续表

本部分主要了解你的网购行为执行意向。	非常不同意	比较不同意	有点不同意	不能确定	有点同意	比较同意	非常同意
22. 如果承诺网购风险担保，那么我会放心地进行网购	1	2	3	4	5	6	7
23. 如果网店有良好信用记录和消费者保障标志，那么我会大胆购物	1	2	3	4	5	6	7
24. 如果网上银行支付十分安全，那么我将积极进行网购	1	2	3	4	5	6	7
25. 如果网购的关键环节有信息绑定，并且通过手机进行确认，那么我会放心购物	1	2	3	4	5	6	7
26. 如果网购地区的物流发达，那么我会经常在该地区网购	1	2	3	4	5	6	7
27. 如果物流取件方便，那么我会选择更多在线购物	1	2	3	4	5	6	7
28 如果网上商品价格低廉，那么我会放弃去实体店购物	1	2	3	4	5	6	7
29. 如果网购商品的服务周到，那么即使东西贵点我也会经常在此网购	1	2	3	4	5	6	7
30. 如果网上产品细节展示完美，那么我的网购愿望将更加强烈	1	2	3	4	5	6	7
31. 如果网店产品色彩搭配让我很舒服，那么我会花更多时间在此网购	1	2	3	4	5	6	7
32. 如果网购流程简单，那么我会优先考虑网上购买商品	1	2	3	4	5	6	7
33. 如果我有更丰富的网购经验，那么我会很快提交订单而不放弃网购	1	2	3	4	5	6	7

第三部分　个人信息

您不必填写姓名，谢谢您的配合。

1. 您的性别是： A. 男　　B. 女
2. 您的年龄： A. 18 岁以下　B. 18～20 岁　C. 21～25 岁　D. 26～30 岁　E. 31～40 岁　F. 40 岁以上
3. 您的专业： A. 社科　B. 理科　C. 工科　D. 管理　E. 其他（请注明）：＿＿＿＿＿
4. 您的年级是： A. 大一　B. 大二　C. 大三　D. 大四　E. 研究生
5. 您每月的生活费水平： A. 低于 500 元　B. 500～800 元　C. 800～1000 元　D. 1001～2000 元　E. 2001 元以上
6. 您目前的感情状况： A. 单身　B. 恋爱　C. 已婚
7. 您的性格偏向于： A. 内向　B. 外向　C 中性
8. 您的气质类型更多倾向于： A. 多血质　B. 胆汁质　C. 黏液质　D. 抑郁质
9. 您最喜欢的颜色是： A. 红色　B. 蓝色　C. 黄色　D. 绿色　E. 紫色　F. 白色　G. 灰色　H. 黑色
10. 您的童年是在哪里度过的： A. 农村（乡、村）　B. 城镇（县级以下，镇、县）　C. 中等城市　D. 大城市

附录 2　图文描述对网购执行意向的影响调查问卷

第一部分　人口统计学变量

为了便于我们的统计分析以及日后统计结果的反馈，请您按照自己的真实情况填写。

1. 您的性别是：
A. 男　B. 女

2. 您的年龄是：
A. 18～21岁　B. 21～24岁　C. 24～27岁　D. 27岁以上

3. 您每月生活开支是：
A. 900元及以下　B. 901～1200元　C. 1201～1500元　D. 1501～1800元　E. 1801元及以上

4. 您上网的便利性：
A. 很不方便　B. 不方便　C. 一般　D. 比较方便　E. 很方便

5. 您的性格偏向于：
A. 内向　B. 趋于内、外向之间　C. 外向

6. 您的家庭背景是：
A. 农村（乡、村）　B. 城镇（县级以下，镇、县）　C. 中等城市　D. 大城市

第二部分　网络消费者特征及行为调查

请您据真实经历和感受对下列项目进行评价（若无相关网购经历不用填写）：

1. 您网购时经常登录的购物网站是：
A. B2C网站（苏宁易购等）　B. C2C网站（淘宝等）　C. 其他（请注明）：________

2. 近半年您通过该购物网站购买商品的次数：
A. 1次及以下　B. 1～3次　C. 3～5次　D. 5～7次　E. 7次及以上

3. 您平均一个月在网上购物的频数：
A. 1次及以下　B. 1～3次　C. 3～5次　D. 5～7次　E. 7次及以上

4. 在通常的网购中，您购买的产品金额大致在：
A. 100元及以下　B. 101～200元　C. 201～500元　D. 501～1000元　E. 1000元以上

5. 您网购的产品类型有：【可多选】
A. 服装　B. 鞋帽　C. 软件　D. 电脑产品　E. 礼品玩具　F. 游戏点卡　G. 通信产品
H. 化妆品　I. 首饰配件　J. 数码产品　K. 书籍报刊　L. 家居百货　M. 办公用品
N. 其他（请注明）：________

续表

6. 您网上购物的原因是：【可多选】 A. 价格便宜　B. 购物方便　C. 节省时间　D. 不受地域限制　E. 产品丰富 F. 网站设计很有吸引力　G. 网站知名度高　H. 寻找稀有产品　I. 尝试新鲜事物 J. 其他（请注明）：________
7. 您认为网购最吸引您的地方在哪里：【可多选】 A. 低廉的价格　B. 全面的商品种类　C. 便捷的物流　D. 人性化的客服 E. 每时每刻的休闲享受
8. 您浏览网站与购买行为的关系： A. 在较短时间买到商品　B. 浏览很长时间后购买　C. 浏览很长时间很少购买 D. 只浏览不购买
9. 下列选项最符合您的网购消费情况的是： A. 节日消费　B. 季节性换季消费　C. 冲动性消费　D. 网站促销消费 E. 物品缺失时消费
10. 您在挑选同类商品时更侧重于：【可多选】 A. 价格　B. 质量　C. 时尚　D. 个性　E. 品牌　F. 档次　G. 款式

后　记

这本专著从立项至今已经四年了，时光荏苒，一直在补充和完善，感谢在这四年里给予我们支持和鼓励的家人，感谢同仁和学者们给我们的启示和点评，感谢优秀学子们将人生最美丽的青春奉献给了这本专著！

网络购物已经成为人们的一种生活方式，它就像空气和水一样满足了我们的各种需求，它已成为群体行为的空间聚集形式，连接着各种社交关系，推动了虚拟经济和实体经济的融合。希望本书的相关研究能够为现代商务管理、电子商务平台的优化、网购忠诚行为管理等方面提供一定的理论和实践参考。

伴随大数据和人工智能时代的来临，在未来的研究中我们将突破传统实证方法的限制，结合QCA、大数据等技术，充分验证和扩展网购行为执行意向的动态演化规律。在交叉学科领域，做研究需要聚焦的能力，也需要发散的能力，网购行为执行意向的探索更是如此，唯愿未来的研究中能将复杂的技术方法简要地应用到项目中，又能从项目大数据获得未知的规则和行为规律，真正发挥独特的学术和应用价值。

作者

2019年6月